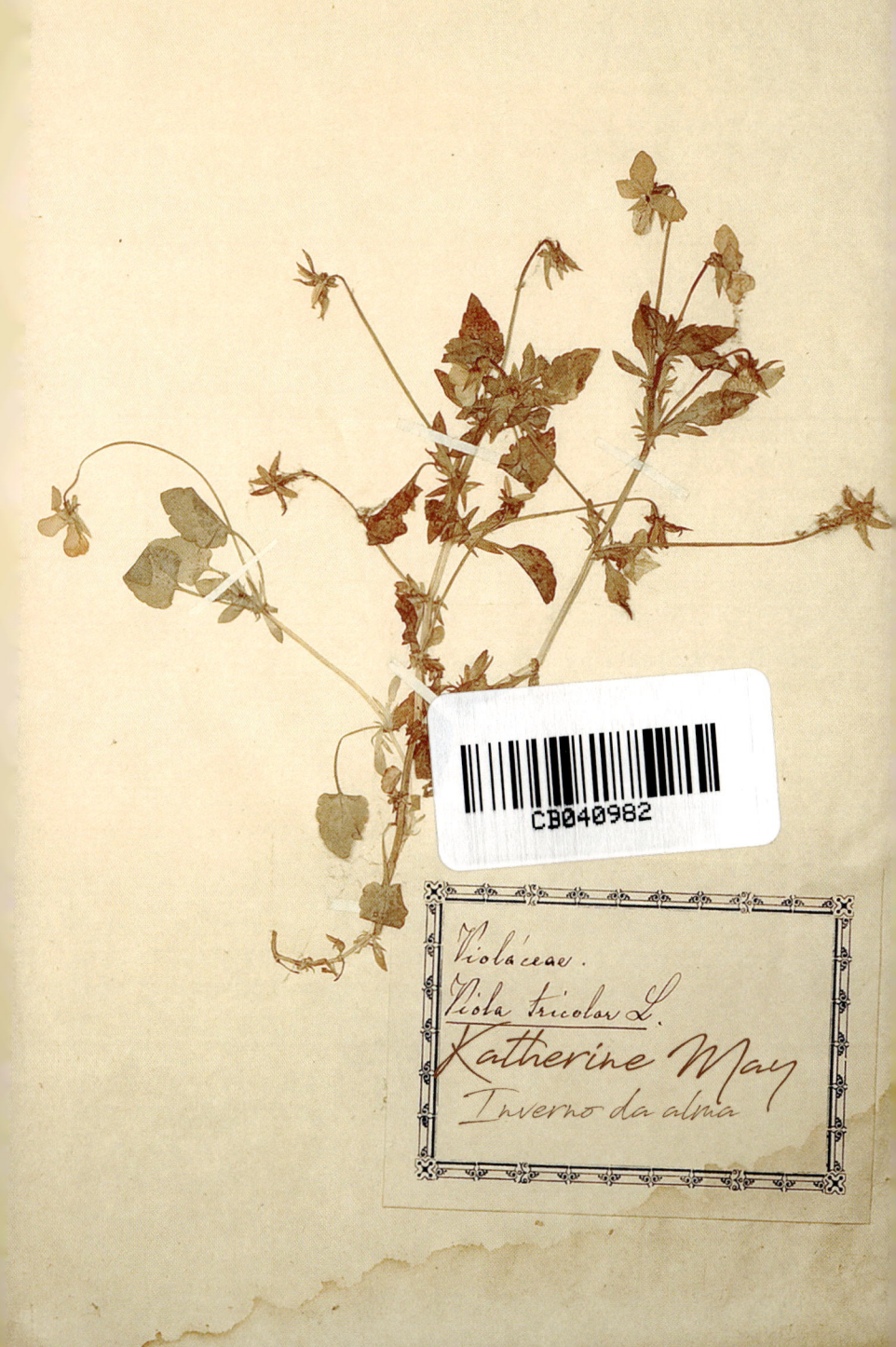

CB040982

Violáceae.
Viola tricolor L.
Katherine May
Inverno da alma

WINTERING: THE POWER OF REST AND RETREAT IN DIFFICULT TIMES
Copyright © 2020 by Katherine May
Todos os direitos reservados.

Imagens do projeto gráfico © Dreamstime

Tradução para a língua portuguesa
© Monique D'Orazio, 2023

Diretor Editorial
Christiano Menezes

Diretor Comercial
Chico de Assis

Diretor de MKT e Operações
Mike Ribera

Diretora de Estratégia Editorial
Raquel Moritz

Gerente Comercial
Fernando Madeira

Coordenadora de Supply Chain
Janaina Ferreira

Gerente de Marca
Arthur Moraes

Gerente Editorial
Marcia Heloisa

Capa e Proj.Gráfico
Retina 78

Coordenador de Arte
Eldon Oliveira

Coordenador de Diagramação
Sergio Chaves

Designer Assistente
Jefferson Cortinove

Finalização
Sandro Tagliamento

Preparação
Karen Alvares

Revisão
Yonghui Qio
Maximo Ribera
Retina Conteúdo

Impressão e Acabamento
Leograf

DADOS INTERNACIONAIS DE CATALOGAÇÃO NA PUBLICAÇÃO (CIP)
Jéssica de Oliveira Molinari — CRB-8/9852

May, Katherine
    Inverno da alma / Katherine May ; tradução Monique
D'Orazio. — Rio de Janeiro : DarkSide Books, 2023.
    240 p.

    ISBN: 978-65-5598-294-7
    Título original: Wintering: The Power of Rest and Retreat in
Difficult Times

    1. Saúde mental I. Título II. D'Orazio, Monique

23-3925   CDD 158.1

Índice para catálogo sistemático:
1. Equilíbrio pessoal

Katherine May
inverno da alma

Tradução
Monique D'Orazio

DARKSIDE

SONHOS

Para todos que invernaram.

Sumário

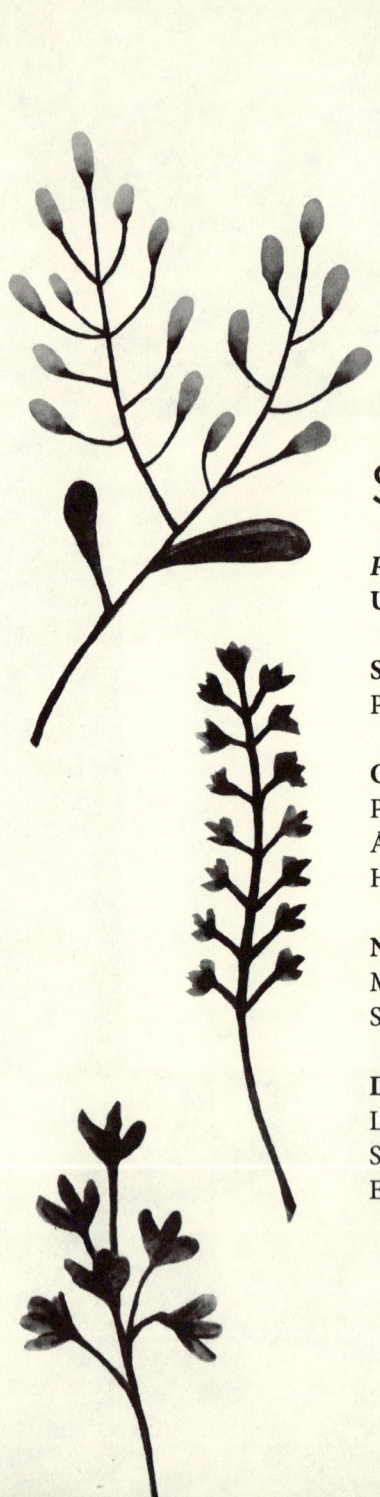

Katherine May
inverno da alma

Sobre a terra sardenta de neve meio descongelada
As gralhas especulativas em seus ninhos a crocitar
E ver, do topo dos olmos, delicadas como flores de relva,
O que lá embaixo não podíamos ver, o Inverno passar.
— "Degelo", Edward Thomas —

PREFÁCIO

Um ciclo de inverno

Nem todas as estações nascem iguais. Cada uma delas tem diferentes qualidades. A primavera e o outono sempre me parecem períodos de transição, que nos levam de um estado a outro, a uma frequência mais alta ou mais baixa. O verão é febril de muitas maneiras, cheio de calor e sociabilidade, transbordando com aquele ímpeto para o novo.

O inverno, por outro lado, é a estação mais notável de todas. É um período de recolhimento e introspecção, e o momento em que todo o trabalho profundo acontece. Eu o vejo como o plantio do ano, um momento em que nosso solo é revolvido, peneirado, quebrado para ser refeito. Na tradição celta, frequentemente é caracterizado como um período gestacional, a metade sombria do ano, na qual nossos desejos são nutridos com gentileza para ganhar vida. Sem o inverno, o florescimento do verão não poderia acontecer. O inverno lança as bases; o inverno limpa o caminho.

Escrevi este livro porque penso que todos nós precisamos de uma palavra para descrever a qualidade peculiar dos nossos invernos metafóricos, aqueles momentos em que somos forças à escuridão, ou quando sentimos a ferroada do inverno. Eu não sabia, naquela época, quantos de nós precisaríamos disso ao mesmo tempo. A pandemia de Covid-19 nos viu invernar numa enorme escala, mas o caráter dessa experiência — esse encontro com o isolamento, com o medo e com o sofrimento — sempre foi algo extremamente familiar. Esse estado de espírito sempre foi um conhecido nosso. Sempre atravessamos ciclos de desespero e renovação. Talvez, enfim, agora paremos de fazer dele um segredo.

Este é um hino a uma estação muito difamada e um tributo à extraordinária capacidade dos humanos de aprender e crescer. No inverno da alma conseguimos acolher o nosso lado mais íntimo. Espero que ajude você a atravessar muitos invernos que estão por vir.

Katherine May
Enquanto as folhas caem no outono do
hemisfério norte • Setembro de 2021

Setembro

PRÓLOGO
Verão Indiano

Alguns invernos acontecem ao sol. Este em particular começou em um dia escaldante no início de setembro, uma semana antes do meu quadragésimo aniversário.

Eu estava comemorando com amigos na praia de Folkestone, que se projeta no Canal da Mancha como se na tentativa de alcançar a França. Era o início de uma quinzena de almoços e drinques que, eu esperava, me permitiriam evitar uma festa e me acompanhariam em segurança para a entrada da nova década de minha vida. As fotos que tenho daquele dia agora parecem absurdas. Inebriada pelo sentimento do meu próprio vir a ser, fotografei a cidade litorânea banhada pelo calor de um verão indiano; a lavanderia self-service de aparência vintage pela qual tínhamos passado na caminhada desde o estacionamento; as cabanas de praia de concreto em tons pastel, amontoadas ao longo da costa; nossos filhos saltando na orla juntos, remando em um mar incrivelmente turquesa; o pote de sorvete que eu comia enquanto eles brincavam.

Não há fotos do meu marido, H. Não é necessariamente inusitado: as fotos que tiro, de novo e de novo, são do meu filho Bert e do mar. Mas o que é inusitado é o vazio no registro fotográfico daquela tarde até dois dias depois, quando há uma foto de H em uma cama de hospital, tentando forçar um sorriso para a câmera.

No idílico litoral, H já se queixava de estar se sentindo mal. Não parecia grande coisa; descobri que criar uma criança pequena traz uma longa sucessão de germes para dentro de casa, que causam dor de garganta, coceira, nariz entupido e dor de estômago. H não estava nem reclamando. Porém, depois de um almoço que ele não conseguiu comer, caminhamos até o parquinho no topo do penhasco. H desapareceu por um tempo. Tirei uma foto de Bert brincando na caixa de areia, uma corda de algas marinhas amarrada na parte de trás da calça como um rabo. Quando voltou, H me contou que tinha vomitado.

"Ah, não!", lembro-me de ter dito, tentando demonstrar solidariedade, enquanto, por dentro, pensava em como aquilo era um incômodo. Teríamos que encurtar o dia e voltar para casa, e então ele provavelmente precisaria dormir um pouco. Ele estava abraçando a barriga, mas não parecia tão mal, dadas as circunstâncias. Eu não estava com pressa de sair, e isso deve ter ficado claro, porque tenho uma lembrança muito vívida do choque repentino quando nosso amigo — um dos nossos mais antigos, que conhecíamos desde os tempos de escola — me tocou no ombro e disse: "Katherine, acho que H está muito doente".

"Sério?", perguntei. "Você acha mesmo?" Olhei e vi H fazendo uma careta, seu rosto brilhando de suor. Falei que ia buscar o carro.

Quando chegamos em casa, eu ainda não achava que fosse nada mais do que uma virose. H foi se deitar na cama, e tentei encontrar algo para Bert fazer, agora que tinham lhe roubado a tarde na praia. No entanto, duas horas depois, H me chamou lá de cima e eu o encontrei se vestindo para sair. "Acho que preciso ir ao hospital", disse ele. Fiquei tão surpresa que ri. H estava sentado em uma sala de espera de aparência artificial, com um acesso intravenoso na mão, parecendo infeliz. Era sábado à noite. O lugar estava repleto de jogadores de rúgbi admirando seus dedos quebrados, bêbados com os rostos machucados, idosos curvados em cadeiras de rodas, seus cuidadores se recusando a levá-los de volta para seus asilos. Eu tinha deixado Bert com os vizinhos e prometido voltar em algumas horas, mas logo estava mandando uma mensagem perguntando se ele poderia dormir lá. Quando deixei H, já passava da meia-noite e ele ainda não havia sido transferido para uma enfermaria.

Fui para casa e não dormi. Ao retornar na manhã seguinte, descobri que as coisas haviam piorado. H estava aéreo e quente de febre. A dor tinha aumentado durante a noite, contou ele, mas quando chegou ao auge, as enfermeiras estavam trocando de turno, então ninguém poderia lhe dar a medicação para torná-la suportável. Logo, seu apêndice estourou. Ele sentiu aquilo acontecer. Gritou em agonia, apenas para ser repreendido pela enfermeira da ala pela falta de educação em fazer um estardalhaço. O homem na cama ao lado teve que se levantar para defender H; ele nos chamou através das cortinas, dizendo: "Deixaram o rapaz em um estado terrível, pobre coitado".

Ainda não havia sinal de cirurgia. H estava com medo.

Depois disso, também fiquei. Pareceu-me que algo perigoso e terrível havia acontecido enquanto eu tinha abandonado meu posto. E ainda estava acontecendo: as enfermeiras e os médicos pareciam vagar de um lado para o outro como se não houvesse pressa alguma, como se um homem devesse ficar deitado e permitir que seus órgãos internos se rompessem

sem dar um gemido que fosse. Senti, repentina e furiosamente, que poderia perdê-lo. Era claro que ele precisava de alguém ao seu lado na cama para defendê-lo, e foi o que fiz. Eu me plantei lá, ignorando o horário de visitas e, quando a dor ficou insuportável, fui atrás da enfermeira da ala até que ela o ajudasse. Costumava ter vergonha até de pedir minha própria pizza, mas aquilo era diferente. Era eu contra eles; o sofrimento do meu marido contra o cronograma rígido do hospital. Eu não ia ser derrotada.

Saí naquela noite às 21h e liguei de hora em hora até que ele estivesse em segurança na sala de cirurgia. Eu não me importava se estivesse sendo um incômodo. Depois, fiquei deitada, insone, até ele sair de novo e eu ouvir que estava confortável. Continuei sem conseguir dormir mesmo assim. Em momentos como esse, o sono parece uma queda: você afunda na escuridão luxuriante apenas para acordar outra vez, olhando em volta em meio ao breu como se pudesse adivinhar algo na noite granulosa. As únicas coisas que consegui encontrar foram meus próprios medos: a verdade insuportável do sofrimento de H e o pavor de ficar para trás, para sobreviver sem ele.

Mantive vigília durante toda a semana, entre deixar e buscar meu filho na escola. Eu estava lá para ouvir o cirurgião explicar a extensão da infecção com algo próximo do espanto; estava lá para me preocupar com o fato de a temperatura de H se recusar a baixar e seus níveis de oxigênio no sangue não estarem voltando ao normal. Eu o ajudei a fazer caminhadas lentas ao redor da enfermaria e o observei dormir depois, às vezes caindo no sono no meio de alguma frase. Eu o vesti com roupas limpas e trouxe pequenas quantidades de comida para ele comer. Tentei acalmar o temor de Bert por ver o pai ligado a tantos fios, e tubos, e máquinas que apitavam.

Em algum lugar no meio dessa catástrofe, um espaço se abriu. Foram horas gastas dirigindo de casa para o hospital e do hospital para casa; sentada ao lado da cama de H enquanto ele cochilava; esperando na cafeteria durante os turnos da enfermaria. Meus dias eram, ao mesmo tempo, tensos e relaxados: exigia-se de mim o tempo todo que estivesse em algum lugar, acordada e vigilante, mas eu também era redundante, uma intrusa. Passei muito tempo olhando ao redor, pensando no que fazer, minha mente agitada na tentativa de categorizar aquelas novas experiências e encontrar um contexto para elas.

E, em meio a todo aquele vazio, de repente parecia inevitável que isso acontecesse. Um furacão estranho e irresistível já estava passando na minha vida, e essa foi apenas mais uma parte de suas consequências. Apenas uma semana antes, eu dera meu aviso prévio e pedira demissão do emprego como professora universitária, na esperança de encontrar uma vida melhor fora do estresse e do barulho sem fim da universidade moderna. E então ali estava eu, tirando uma licença no meio das semanas ocupadas de início do semestre para cuidar de H. Não havia dúvida de que eu estava abusando da paciência de todo mundo, mas não havia mais ninguém que pudesse resolver aquela bagunça.

Além do mais, eu havia acabado de publicar meu primeiro livro em seis anos e tinha outro prazo prestes a vencer. Meu filho havia voltado à escola há pouco tempo, após as longas férias de verão, e eu tinha todas as preocupações maternas de costume sobre sua capacidade de enfrentar os desafios do primeiro ano. A mudança estava acontecendo, e ali estava sua prima, a mortalidade, não exatamente batendo na minha porta, mas chutando-a abaixo como uma força extrajudicial particularmente brutal.

No meu trigésimo aniversário, acabei entrando de penetra em um velório. Eu tinha combinado de me encontrar com uma amiga em um pub e me atrapalhei no caminho até descobrir que ele fora reservado para recepcionar a pós-cerimônia de um funeral irlandês. O salão inteiro estava vestido de preto, e uma banda tocava em um canto: duas jovens ao violino, cantando canções folclóricas. Eu devia, é claro, ter dado meia-volta e saído, mas fiquei preocupada que minha amiga não fosse me encontrar, e estava chovendo lá fora. Achei que poderia ficar à espreita perto da entrada e tentar passar despercebida. Na verdade, não sei o que estava pensando; qualquer pessoa sensata teria saído e enviado uma mensagem. Mas eu fiquei e pensei que era apenas sorte minha — algum tipo de prenúncio de morte para marcar o fim da década de juventude dos vinte anos.

A situação só piorou quando minha amiga chegou e ficou clara sua notável semelhança com uma das integrantes da banda, que àquela altura já havia se retirado para os bastidores. Essa não era apenas a minha opinião; parecia que a família do falecido a havia confundido com a violinista desaparecida. Minha amiga recebeu um abraço, um aperto de mão e um tapinha nas costas, e insistiram veementemente que ela ficasse para tomar uma bebida. Não tendo nenhuma ideia do que diabos estava acontecendo e assumindo, descobri mais tarde, que aquela era apenas a calorosa hospitalidade irlandesa, ela concordou e até conseguiu responder a perguntas sobre seu talento musical com o que parecia ser modéstia, mas na verdade era uma negação categórica. Só conseguimos sair porque tínhamos ingressos para o teatro que provavam de uma vez por todas que deveríamos estar em outro lugar.

Todo o episódio teve ares de uma farsa shakespeariana, encenada só para mim. Porém, em retrospecto, foi uma espécie de trégua em meio à tensão. Passei a virada para a minha quadragésima década de vida com H recém-saído do hospital e todas as comemorações canceladas. Às 22h, Bert me chamou no andar de cima e logo vomitou em mim, o que continuou noite adentro. Mas, àquela altura, não importava mais, porque tinha desistido de dormir de qualquer maneira. Algo já havia mudado. Existem vãos na malha do mundo cotidiano, e às vezes eles se abrem e você cai através deles para algum outro lugar. Algum Outro Lugar corre em um ritmo diferente do aqui e agora, onde todas as outras pessoas seguem em frente. Algum Outro Lugar é o lugar onde os fantasmas vivem, escondidos da vista e apenas vislumbrados pelas pessoas no mundo real. Algum Outro Lugar opera com um *delay*, de modo que você não consegue acompanhar o ritmo. Talvez eu já estivesse oscilando à beira de Algum Outro Lugar, de qualquer maneira; mas aquele foi o momento em que caí, de forma tão simples e discreta quanto a poeira peneirada entre as tábuas do assoalho. Fiquei surpresa ao descobrir que me sentia em casa ali.

O inverno havia começado.

Todo mundo inverna em um momento ou outro; algumas pessoas invernam repetidamente.

Invernar é passar uma temporada no frio. É um período de pousio na vida no qual a pessoa está isolada do mundo, sentindo-se rejeitada, marginalizada, impedida de prosseguir ou lançada no papel de uma forasteira. Talvez resulte de uma doença ou acontecimento na vida, como o luto ou o nascimento de um filho; talvez venha de uma humilhação ou um fracasso. Talvez você esteja em um período de transição e tenha caído temporariamente entre dois mundos. Alguns invernos se arrastam sobre nós mais devagar, acompanhando a morte prolongada de um relacionamento, o gradual aumento das responsabilidades sobre os cuidados dos nossos pais à medida que envelhecem, o pinga-pinga da confiança perdida. Algumas são muito repentinas, como descobrir um dia que suas habilidades são consideradas obsoletas, que a empresa para a qual você trabalhava faliu ou que seu parceiro está apaixonado por uma pessoa nova. Seja como for, invernar costuma ser involuntário, solitário e profundamente doloroso.

No entanto, também é inevitável. Gostamos de imaginar que é possível a vida ser um verão eterno e que fomos os únicos a falhar em conquistar isso por conta própria. Sonhamos com um habitat equatorial, para sempre perto do sol, uma alta temporada interminável e imutável. Mas a vida não é assim. Emocionalmente, estamos sujeitos a verões sufocantes e invernos gelados e escuros, a quedas repentinas de temperatura, luz e sombra. Mesmo que por algum acaso extraordinário de equilíbrio e boa sorte, fôssemos capazes de manter o controle da nossa própria saúde e felicidade por uma vida inteira, ainda assim não poderíamos evitar o inverno. Nossos pais envelheceriam e morreriam; nossos amigos cometeriam pequenos atos de traição; as maquinações do mundo acabariam por pesar contra nós. Em algum lugar ao longo do caminho, erraríamos. O inverno se desvelaria sem ser percebido.

Aprendi a invernar jovem. Como uma das muitas garotas da minha idade cujo autismo não foi diagnosticado, passei uma infância permanentemente lá fora, no frio. Aos 17 anos, fui atingida por um período de depressão tão forte que me imobilizou por meses. Estava convencida de que não sobreviveria, de que não queria sobreviver. Porém, em algum lugar, lá nas profundezas, encontrei a semente de uma vontade de viver, e sua tenacidade me surpreendeu. Mais do que isso, me deixou estranhamente otimista. O inverno me apagara, me escancarara por completo. Em toda aquela brancura, vi a chance de me renovar uma vez mais. Meio como quem se desculpa, comecei a construir um tipo diferente de pessoa: uma que às vezes era rude e que nem sempre fazia a coisa certa, e cujo grande coração estúpido parecia fazê-la sempre sofrer, mas também uma que merecia estar aqui, porque agora tinha algo para oferecer.

Durante anos, diria a qualquer um que quisesse ouvir: "Tive um colapso aos 17 anos". A maioria das pessoas ficava com vergonha de ouvir isso, mas algumas se mostravam gratas por encontrar um fio em comum de sua história com a minha. De qualquer forma, tive a grande certeza de que deveríamos conversar sobre essas coisas e que eu, tendo aprendido algumas estratégias, deveria compartilhá-las. Isso não me salvou de outro mergulho e de mais outro, mas, a cada vez que acontecia, o perigo diminuía. Comecei a sentir meus invernos: seu comprimento e sua largura, seu peso. Sabia que eles não duravam para sempre; sabia que precisava encontrar a maneira mais confortável de passar por eles até a chegada da primavera.

Estou ciente de que vou contra as convenções da boa sociedade ao me comportar assim. Os momentos em que perdemos a sincronia com a vida cotidiana continuam sendo um tabu. Não fomos criados para reconhecer o período de inverno ou sua inevitabilidade. Em vez disso, tendemos a ver esse momento como uma humilhação, algo que deve ser escondido da vista para não chocarmos demais o mundo. Assumimos uma atitude pública corajosa e sofremos em particular; fingimos não ver a dor das outras pessoas. Tratamos cada inverno como uma anomalia embaraçosa que deve ser escondida ou ignorada. Isso significa que fizemos de um processo bastante comum um segredo e, portanto, demos àqueles que o enfrentam um status de párias, forçando-os a abandonar a vida cotidiana para esconder seu fracasso. No entanto, pagamos caro para fazer isso. Invernar traz à tona alguns dos momentos mais profundos e perspicazes da nossa experiência humana, e a sabedoria reside naqueles que invernaram.

Em nosso mundo moderno incansavelmente movimentado, estamos sempre tentando adiar o desencadeamento do inverno. Nunca ousamos sentir sua ação pungente por completo, e não nos atrevemos a mostrar a maneira como ela nos assola. Um processo invernal rigoroso de vez em quando nos faria bem. Precisamos parar de acreditar que esses momentos da nossa vida são de alguma forma tolos, uma falha de coragem, uma falta de força de vontade. Devemos parar de tentar ignorá-los ou descartá-los. Eles são reais e estão pedindo algo de nós. Precisamos aprender a acolher o inverno. Podemos nunca escolher invernar, mas podemos escolher *como* fazê-lo.

Um surpreendente conjunto de romances e contos de fadas se passa na neve. Nosso conhecimento do inverno é um fragmento da infância quase inato. Todos os preparativos cuidadosos que os animais fazem para suportar os meses de frio e sem comida; hibernação e migração, árvores decíduas perdendo as folhas. Isso não é por acaso. As mudanças que ocorrem no inverno são uma espécie de alquimia, um encantamento realizado por criaturas comuns para a sobrevivência. Arganazes acumulam gordura para hibernar, andorinhas navegam para a África do Sul, árvores se extinguem nas últimas semanas do outono. É muito bom sobreviver aos abundantes meses da primavera e do verão, mas, no inverno, testemunhamos toda a glória do florescimento da natureza em tempos difíceis.

Plantas e animais não lutam contra o inverno; não fingem que nada está acontecendo ou tentam continuar vivendo a mesma vida que no verão. Eles se preparam, se adaptam. Realizam atos extraordinários de metamorfose para poder atravessar esse momento. O inverno é uma época de recolhimento do mundo, de maximização de recursos escassos, de realização de atos de eficiência brutal e de desaparecimento; mas é aí que ocorre a transformação. O inverno não é a morte do ciclo de vida, mas sua provação.

Quando paramos de desejar que fosse verão, o inverno pode ser uma estação gloriosa — quando o mundo ganha uma beleza esparsa e até as calçadas cintilam. É um momento de reflexão e recuperação, de reposição lenta, de colocar a casa em ordem.

Fazer aquelas coisas profundamente fora de moda — desacelerar, deixar seu tempo livre se expandir, dormir o suficiente, descansar — é um ato radical agora, mas é essencial. Esta é uma encruzilhada que todos conhecemos, um momento em que você precisa trocar de pele. Se o fizer, vai expor todas as terminações nervosas doloridas e se sentirá em carne viva, tanto que precisará cuidar de si por um tempo. Se não o fizer, essa pele vai endurecer ao seu redor.

É uma das escolhas mais importantes que fará na vida.

Outubro

Preparação

Estou fazendo bagels. Ou melhor, estou provando ser um fracasso espetacular nessa tarefa.

Essa receita estipula uma massa dura, que estava indo muito bem até algo quebrar na batedeira e fazê-la gritar como se eu a tivesse machucado. Para não desanimar, coloquei a massa na bancada da cozinha e a sovei à mão por dez minutos, depois a botei em uma tigela untada com óleo e a deixei para crescer no lugar quentinho favorito do gato no chão da sala, onde os tubos do aquecimento central estão perto da superfície.

Uma hora depois, nada parecia ter acontecido, então deixei a massa por mais uma hora lá até perder a paciência e transformá-la em pequenos anéis de qualquer jeito. Só depois de escaldá-los na água fervente (observando-os, desamparada, se desfazerem em estranhas formas de croissant) e colocá-los no forno quente foi que pensei em verificar o prazo de validade na lata de fermento que usei: janeiro de 2013. Cinco anos se passaram. Acho que o comprei antes de meu filho nascer, a última vez que tive tempo de cogitar fazer receitas com fermento.

Claro que os bagels ficaram intragáveis. Não tem problema. Não estou cozinhando por fome, mas para manter as mãos em movimento. Tudo bem, os bagels não deveriam ser tão duros (tanto em termos de textura quanto de dificuldade), mas pelo menos eles preencheram uma lacuna no meu dia que deveria ter sido ocupada pelo trabalho, e fazê-los afastou meus pensamentos mais sombrios — pelo menos por enquanto.

H está em casa e em segurança, e até voltou bem feliz ao trabalho. Eu ainda estou em casa. Tendo funcionado a todo vapor por anos, meu nível de estresse atingiu uma espécie de crescendo. Sinto-me fisicamente incapaz de sair para trabalhar, como se estivesse conectada à casa por um pedaço de elástico que me faz voltar para dentro sempre que tento ir para o trabalho. É mais do que um mero capricho: é uma recusa corporal absoluta. Tenho forçado a barra nesse sentido há muito tempo, mas algo afinal se rompeu — talvez literalmente. Enquanto H estava no hospital, comecei a notar uma dor lancinante no lado direito do meu abdômen, que supus ser compatível com sua apendicite. Mas então continuou e, na verdade, parecia piorar à medida que ele melhorava. Tenho estremecido de dor ao menor esforço. Uma semana atrás, eu me vi dobrada sobre o púlpito da universidade onde estava lecionando, incapaz de pensar em qualquer coisa, exceto na dor que sentia. Peguei o ônibus para casa e, praticamente, fiquei aqui desde então.

Estava me contorcendo toda quando tive uma conversa com minha clínica geral, na qual admiti que venho ignorando todos os principais sinais de câncer de intestino por quase um ano. Fui encaminhada para exames urgentes e colocada em licença médica. Impossível não sentir que deixei o estresse sair tanto de controle que começou a me corroer; eu devia ter pedido ajuda antes. A questão é que o estresse é uma coisa vergonhosa, uma proclamação da minha incapacidade de enfrentar a situação.

Por dentro, estou satisfeita por ter a dor com que lidar, em vez de uma sensação mais nebulosa resultante da minha própria sobrecarga. De alguma forma, parece mais real; posso me esconder atrás da dor e dizer: *Olha só, não sou incapaz de gerenciar minha carga de trabalho. Estou doente de verdade.* Agora tenho horas e horas de tempo livre para pensar sobre todas essas coisas, e meu cérebro está enevoado demais para me concentrar em muito mais além disso. Cozinhei muito desde que fiquei doente. É uma dose agradável de atividade, só o suficiente para eu administrar no momento. Não que cozinhar seja algo novo para mim; sempre fui cozinheira. Porém, nos últimos anos, cozinhar foi algo empurrado para fora da minha vida, junto com o prazer de comprar ingredientes. A vida tem sido agitada e, na correria de sempre, esses fragmentos vitais da minha identidade foram espremidos para fora de mim. Senti saudade deles, mas de um jeito meio indiferente. O que você pode fazer quando já está fazendo tudo?

O problema com "tudo" é que acaba tendo uma semelhança terrível com nada: apenas uma longa névoa de atividade frenética, despojada de todo significado. O tempo tem passado tão rápido entre criar um filho, escrever livros e trabalhar em um emprego de tempo integral, muitas vezes invadindo meus fins de semana, que quase não consigo explicar para onde ele vai. Os anos anteriores não são bem um vazio, mas com certeza são um borrão, e estranhamente sem sentido, exceto por uma sensação arraigada de sobrevivência. Virando a lata de fermento nas mãos, luto para construir um relato de mim mesma que me traga daquele momento até este. Sinto como se tivesse caído em um poço de elevador muito longo e acabado de aterrissar no fundo com um solavanco. Aqui é espaçoso e faz eco, e ainda não sei bem como sair. Estou tentando encontrar o caminho de volta para algo que reconheço.

Em *Moominland Midwinter*, de Tove Jansson, o personagem Moomintroll por acaso acorda da hibernação cedo demais. Acostumado a hibernar durante o inverno, ele fica chocado ao encontrar o mundo envolto em neve, seu jardim agora desconhecido. "Todo o mundo morreu enquanto eu dormia", pensa ele. "Esse lugar não é feito para Moomins." Sentindo-se terrivelmente solitário, ele vai para o quarto e puxa a colcha da mãe: "Acorde!", grita ele. "O mundo todo sumiu!" A mãe se aninha no colchonete e continua dormindo. Este é um espelho do meu próprio inverno, ou como ele me parece: todos estão cochilando enquanto estou bem acordada e sou perseguida por medos pungentes.

Nesses momentos da vida, você tem que seguir em frente de alguma forma. Todos os dias, faço uma caminhada lenta e dolorosa até as lojas por perto para comprar alguns ingredientes. A geladeira, até então cheia de comida que eu pedia pela internet e nunca conseguia comer, está vazia. Estou comprando apenas o que preciso; tenho vergonha do desperdício que até pouco tempo atrás aceitava como inevitável. Mas esta é a diferença que o tempo faz: posso me dar ao luxo de uma corridinha até a rua principal para ver o que está empilhado na mercearia naquela manhã em particular. Se eu ficar sem pão, posso comprar. O açougueiro pode me vender a quantidade exata de carne que sei que vou usar no mesmo dia. Não preciso mais encenar o ciclo de congelar um pacote de frango, descongelá-lo uma semana depois, depois não ter tempo de comê-lo e jogá-lo fora.

Esta semana, fiz um cozido de cordeiro, cenoura e tomilho, com rodelas de batata por cima. Sinto como se estivesse cozinhando o outono para dentro da minha casa. Comprei uma caixa de figos delicadamente embrulhados em papel de seda e os comi picados com mingau em três manhãs seguidas.

Fiz uma sopa delicada com uma abóbora de casca verde-clara e curei um filé de salmão com sal, açúcar, endro e beterraba, dando a ele uma camada vermelha brilhante. Depois, tive a ideia de fazer alguns pepinos em conserva para acompanhar. Eu tinha tempo. Tudo era possível e valia a pena.

Também tenho aproveitado o ótimo conjunto de lápis de colorir que comprei para Bert, uns lápis alemães chamados Lyra, como a heroína maltrapilha da trilogia *Fronteiras do Universo*, de Philip Pullman. Eles têm a pigmentação bem densa e textura de cera, muito diferente dos lápis baratinhos que normalmente compramos sem pensar, e mudaram a maneira como Bert desenha, o que me fez querer participar. Quase os perdoei por custarem os olhos da cara — eles superam todos os outros de longe.

Eu não tinha ideia do quanto esses pequenos prazeres haviam sumido da minha vida enquanto estava correndo de um lado para o outro, e agora os estou convidando de volta: o trabalho tranquilo e rítmico com as mãos, o tipo leve de concentração que nos permite sonhar e o senso de gentileza que resulta desse processo. Faço biscoitos de gengibre em formato de bonequinhos com Bert e me pego tomando muito cuidado com eles, como se fossem bonecos de vodu ao contrário. Imagino cada um como pequenos atos de desafio contra a vida que tenho vivido. É uma espécie de magia compassiva usar tamanha reverência para lidar com algo tão sem sentido: estou cuidando dos mortos, gentilmente sepultando um conjunto de valores para os quais já não tenho qualquer utilidade.

Conforme os dias ficam mais curtos, trazemos luz para dentro de casa, a fim de repelir as múltiplas trevas que ali se escondem. Vasculho os armários em busca de velas e penduro luzinhas nos cantos mais sombrios, então começo a recontar minha própria história de novo, mesmo que apenas para mim mesma. É assim que os humanos agem: nós fazemos e refazemos nossas histórias, abandonamos aquelas que não cabem mais e experimentamos novas para ver se servem. Agora estou contando a mim mesma a história de uma rotina de trabalho em que me meti por engano, porque tinha medo de nunca mais me reencontrar depois de ter meu filho. Não consegui enfrentar bem a gravidez, nem o início da maternidade, e comecei a trabalhar de novo para tentar encontrar o caminho de volta à terra firme. Não resolveu tudo, mas me devolveu uma área da minha vida em que eu me sentia competente.

Eu trabalhava o dia todo, encaixando turnos extras às 5h para planejar palestras, e abria o laptop de novo às 21h todas as noites, pouco antes de me jogar na cama. Roubava tempo nos fins de semana para corrigir trabalhos e escrever ementas de curso, sempre que conseguia persuadir meu marido e meu filho a fazerem algo sem mim. As pessoas me admiravam pelo tanto que eu conseguia produzir. Eu me deleitava, mas em segredo sentia que estava apenas tentando acompanhar o ritmo de todo mundo, e eles pareciam estar dando conta da vida muito melhor que eu. Afinal, tinha colegas que respondiam regularmente a e-mails depois da meia-noite, muito depois de eu ter ido dormir. Na verdade, estava com vergonha. Sempre pensava que eu, tão sábia, nunca sucumbiria ao vício do trabalho. Mas aqui estou, tendo trabalhado tanto e por tanto tempo que fiquei doente. E, pior de tudo, quase esqueci como descansar.

Estou inevitavelmente cansada. Mas é mais do que isso: estou vazia por dentro. Estou estressada e irritadiça, o tempo todo me sentindo como uma presa, acreditando que tudo é urgente e que nunca poderei fazer o bastante. E minha casa — minha amada casa — sofreu uma espécie de entropia, na qual tudo desmoronou aos poucos, se quebrou e se desgastou, com detritos se acumulando em cada superfície e cada canto, e tenho me sentido de mãos atadas face a tudo isso.

Desde que recebi uma licença de saúde, fui forçada a me recostar no sofá e olhar para os destroços por horas a fio, me perguntando como diabos tudo ficou tão ruim. Não sobrou um único lugar relaxante na casa onde se possa descansar um pouco sem lembrar que algo precisa ser consertado ou limpo. As janelas estão nubladas com o véu empoeirado de uma centena de tempestades. O verniz está se desgastando das tábuas do assoalho. As paredes estão salpicadas de pregos sem seus quadros pendurados ou de buracos que deveriam ser rebocados e pintados. Até a televisão está pendurada em um ângulo meio torto. Quando subo numa cadeira e esvazio a parte de cima do guarda-roupa, descubro que quis substituir as cortinas do quarto pelo menos três vezes nos últimos anos, e cada pacote de tecido que comprei acabou dobrado certinho e guardado, totalmente esquecido.

Só notar agora essas coisas, quando estou fisicamente incapaz de remediá-las, parece o tipo de tortura requintada planejada por deuses gregos vingativos. Mas aqui está ele: o meu inverno. É um convite aberto para a transição rumo a uma vida mais sustentável e à retomada de controle sobre o caos que criei. É um momento em que tenho de entrar em solitude e contemplação. É também um momento em que tenho que me afastar de antigas alianças, deixar as cordas de algumas amizades se soltarem, mesmo que apenas por um tempo. É um caminho que percorri várias vezes na vida. Aprendi as habilidades de invernar da maneira mais difícil.

Se não vi meu inverno chegando, então pelo menos eu o peguei nos estágios iniciais. Estou um pouco perdida, só isso; só um pouco nublada, como minhas janelas. Estou determinada a passar por esse momento com consciência, torná-lo um tipo de prática para me compreender melhor. Quero evitar cometer os mesmos erros de novo. Estou quase me perguntando se poderia haver prazer nisso, em algum lugar, se ao menos eu estivesse bem-preparada. Posso sentir a desaceleração chegando; sei que fazer biscoitos e sopa não vai me sustentar para sempre. Vai ficar pior do que isso: mais escuro, mais estreito, mais solitário. Quero preparar um colchão de palha embaixo de mim para amortecer o golpe quando vier. Quero deixar tudo pronto.

Recebo um presente inesperado na forma de uma sacola de marmelos, enviada por uma amiga que diz que sua árvore está crescendo este ano como nunca. Não sei ao certo quando essas coisas começaram, se tivemos uma primavera particularmente fértil ou um verão que manteve o equilíbrio exato entre úmido e seco, mas minha ameixeira também deu frutos abundantes pela primeira vez em nove anos desde que a plantamos. No caminho à beira-mar, as amoreiras estão carregadas e as sebes estão pontilhadas de rosas de um vermelho-vivo como o de lanternas chinesas. O verão espalha presentes em seus últimos suspiros de vida.

Minha mãe tem o hábito de fazer conservas e eu também herdei um pouco desse instinto. Costumávamos cair de boca na horta da minha tia uma vez por ano para atacar os abrunhos, as maçãs, as ameixas e as amoras; nós, mulheres, conversando todas juntas, os dedos manchados de suco. Os restos eram convertidos em geleias e chutney de maçã na panela larga de conservas da minha avó, que ainda tenho. Meu avô fazia conservas das chalotas que ele plantava em casa, e minha mãe fazia potes muito amarelos de picles com mostarda e potes cor de cereja com conservas de repolho roxo. Tudo isso seria guardado até o Natal, quando seria decantado em tigelas para o almoço do dia 26.

Existe uma regra tácita para nossas conservas: a gente não pode pagar pelo ingrediente principal. Deve ser parte de um excesso, que acabaria indesejado ou impossível de usar, ou ser colhido na natureza, onde só se deterioraria sem a nossa intervenção. Não é preciso olhar muitas gerações atrás para ver como esse era um suplemento essencial para a escassez de produtos frescos nos meses de inverno, embora hoje seja mais uma vaidade, um aspecto da minha cultura pessoal que tenho relutância em admitir. De vez em quando, faço um pote de chutney, embora raramente tenha tempo para todo o trabalho de picar, mexer e esterilizar os potes, nem goste do cheiro desagradável de vinagre e cebola crua que permanece na casa por dias.

Não, meu ímpeto de fazer conservas assume um aspecto muito menos prático. Para começar, tendo a fazê-las apenas com as coisas pelas quais tenho curiosidade, só para ver o que acontece. Este ano, fiz conserva de um rabanete japonês que encontrei com desconto a dez pence no supermercado e não consegui resistir; uma minúscula colheita de minipepinos que se agarravam à vida, sem água, em um jarro no quintal; e um punhado de salicórnias selvagens, colhidas em uma caminhada numa espécie de frenesi desesperado e empolgado. Não tenho utilidade para nenhuma dessas coisas e é provável que observe todas elas ficarem cinzentas pouco a pouco em seus potes antes de jogá-las fora. Sobretudo, tenho tendência a conservar coisas pouco apetitosas. Não faz muito tempo, me vi procurando feito louca uma receita que ensinava a conservar sementes lenhosas de freixo, a árvore que se projeta sobre o jardim.

Pior, meu meio de conserva favorito é o álcool. Tenho o hábito de gastar uma pequena fortuna em quantidades industriais de gim para embeber baciadas de ameixas, bagas de sabugueiro ou abrunhos. As frutas podem ser de graça, mas o resultado é uma extravagância mal disfarçada, principalmente porque não gosto muito de doces. Agora tenho um acervo de gim de abrunho que remonta a vários anos na adega de vinhos debaixo da escada. Juro que vou me lembrar de empurrar isso para as visitas em algum momento.

Cogito fazer um licor de marmelo, mas decido, levando tudo em consideração, transformá-los em *membrillo*, aquela marmelada espanhola que fica uma delícia com carne de porco e queijo manchego. Corto as cascas amarelas nodosas, pico a polpa rosada dos marmelos em cubos e fervo até formar uma pasta grossa cor de vinho, que, mal-humorada, cospe ao ferver, ameaçando escaldar meus braços. Quando está pronto, corto o doce e levo um pacote para minha amiga Hanne Mällinen-Scott, esperando que fique impressionada. Hanne é finlandesa e outra adepta inata das conservas. Ela é íntima do inverno; está em seu sangue. Raramente perde uma oportunidade de contrastar sua robustez nórdica com nossa lamentável fragilidade inglesa.

Conto a ela sobre meu desejo de me preparar para invernar. "Minha mãe tem uma palavra para o que você está fazendo", diz ela. "*Talvitelat*." Não tem um equivalente exato na nossa língua, mas é uma tradução aproximada de se preparar para o inverno. "Costumávamos usar essa palavra quando guardávamos todas as roupas de verão e tirávamos as de inverno dos armários. Sempre era um bom momento, vê-las de novo. Era como ter roupas novas duas vezes por ano."

"Vocês realmente fazem assim?", pergunto. "Quer dizer, vocês não só colocam um moletom extra sobre as roupas normais?"

"Não", diz Hanne, "não dá para fazer isso na Finlândia. O inverno chega tão de repente, e não dá pra se meter com ele. Você precisa de um guarda-roupa completamente diferente; não dá só pra improvisar. Aqui a gente vê as pessoas agindo como se o inverno não estivesse acontecendo, igual aqueles homens que usam bermuda em dezembro como se estivessem tentando impressionar alguém."

"Ou as garotas que vão pra balada com as pernas de fora e sem casaco", digo.

"Isso", confirma Hanne. "Tudo o que eles estão provando é que não faz muito frio na Inglaterra. Eu bem que queria vê--los tentar essa merda na Finlândia."

Hanne é de Liminka, onde a temperatura média é de 2°C. Em julho, pode subir para 30°C, mas quase metade do ano fica abaixo de zero, chegando a -10°C em janeiro. É preciso estar pronto para atravessar esse tipo de inverno.

"Quando vocês começam a se preparar?"

"Agosto", diz ela, sem pestanejar.

"*Agosto?*"

"Mais pra julho, na verdade. Você tem que fazer tudo antes de começar a esfriar. Depois disso, talvez não consiga mais ir a lugar nenhum."

"O que diabos dá pra fazer tão cedo?"

"Bem", começa ela, "nos certificar de que todos os consertos sejam feitos na casa, porque a neve só vai piorar tudo. Sem vazamentos no telhado, esse tipo de coisa."

"Fazer o isolamento dos canos", arrisco.

"Nossos encanamentos são subterrâneos. Isolamento seria inútil na Finlândia."

"Ah, certo." Tenho a sensação de que eu não duraria até setembro, que dirá até fevereiro.

"Você corta lenha e empilha certinho. Compra pneus de inverno para o carro. Assa bolos até lotar o freezer, porque, se alguém der uma passada, você tem que servir café com bolo. Isso é importante: você está sempre pronto para oferecer hospitalidade. E é claro que sai para encontrar alimentos na natureza."

Os olhos de Hanne brilham com esse pensamento. Como muitas populações nórdicas, os finlandeses são especialistas em conservas de doces e salgados, e sua culinária de inverno se concentra em alimentos que podem ser armazenados. Hanne se lembra daquelas expedições de verão para colher frutas e cogumelos como o ponto alto do ano, quando toda a família saía com sanduíches e passava o dia colhendo tudo o que encontrava na mata. Era um momento de união, todo o clã estendido trabalhando junto; ela até se lembra de sua bisavó vindo se juntar a eles.

"Meus favoritos eram os cogumelos lactários", diz ela. "É preciso fervê-los em três trocas de água salgada para se livrar do veneno."

"Como é que alguém conseguiu achar que eram comida, pra começo de conversa?"

"Esses cogumelos têm um gosto incrível", afirma ela. "Acho que nossos ancestrais provavelmente perseveraram até não morrerem por comê-los."

"Fica muito escuro no inverno?", pergunto.

"Fica. Quer dizer, não é como se estivéssemos no Círculo Polar Ártico; ainda vemos o sol todos os dias, mas não há muita luminosidade e faz muito frio lá fora, então você é forçado a se adaptar. Você dorme mais, pra começar. Não dá para evitar. O relógio biológico muda; tudo se equilibra ao longo do ano. É verdade o que dizem sobre lavar o carro à meia-noite no verão. No inverno, você tem que encontrar maneiras de se manter aconchegado, de deixar a casa alegre. Senão..." Ela faz uma pausa. "As pessoas nem sempre estão preparadas para mudar seus hábitos."

"Lá vocês não têm a maior taxa de suicídios do mundo?", questiono, e imediatamente desejo não ter feito isso. É uma estatística que sei que é muito significativa para ela.

"Não, mas estamos perto. Atinge o pico entre dezembro e janeiro. Foi quando meu pai tirou a vida dele, é claro." Todos esses preparativos habilidosos haviam me ludibriado a esquecer. São úteis, mas só podem nos levar até certo ponto. No inverno, você nunca está a mais do que alguns passos da escuridão.

Depois de algumas semanas de folga do trabalho, começo a me perguntar se estou mal de verdade. Aconchegada em casa, criei minhas próprias rotinas que me mantêm equilibrada: levantar às 5h para ler, tomar um banho quente de banheira às sete, fazer uma caminhada tranquila até os portões da escola às oito e meia. Durante o dia, leio e escrevo, e evito café, tentando não me preocupar com o caos em que joguei meus colegas de trabalho. Uma vez a cada quinze dias, ligo para a enfermeira do consultório da minha clínica geral e peço para minha licença médica ser renovada. Nada mudou, é o que digo. Preciso de mais tempo.

Abri mão de bebida, só por enquanto. Acho que nunca poderia ficar permanentemente abstêmia, mas, neste momento, não tenho vontade de beber. Suponho que esteja preocupada com a possibilidade de que o álcool mude ainda mais seja lá o que haja no meu abdômen. Por outro lado, também estou muito consciente, de forma bem desconfortável, do número de vezes que tentei recorrer à bebida nos últimos anos como forma de amortecer os dias implacáveis que me deixavam com uma sensação de estar moída. A ansiedade espreitava sob meu corpo como água subterrânea; de vez em quando chovia, e o nível dela subia pela minha garganta, aflorando nos meus seios da face, acumulando-se atrás dos olhos. Uma boa parte de uma garrafa de vinho — ou, melhor ainda, três grandes *dirty martinis* — aplacaria essa sensação por algum tempo.

Eu sentia que servir uma bebida era colocar um ponto final no meu dia: depois disso, eu me tornava incapaz por vontade própria. Não se poderia esperar que eu tomasse decisões mais sensatas ou respondesse a e-mails com a delicadeza necessária. Eu estava me destruindo.

Agora, minhas noites têm o consolo de canecas de chá verde-esmeralda feito com hortelã fresca. Não é tão ruim, mas o tempo parece se esticar e, quando dou por mim, estou na cama por volta das nove — talvez mais cedo, se conseguir me safar. É uma maneira muito antissocial de viver, mas me dá aquelas manhãs lúcidas no escuro, quando acendo velas pela casa e saboreio duas horas seguidas em que ninguém vai exigir nada de mim. Voltei à rotina de meditar, agora que tenho tempo para isso. Antes de me sentar, desenvolvi o hábito de abrir a porta dos fundos para sentir o cheiro do ar por alguns momentos. Nas últimas semanas, as manhãs ficaram fragrantes e frescas, como se o frio invasor estivesse deixando tudo limpo. Há pouco tempo, o ar se tornou granuloso com a fumaça de lenha, os restos de incêndios da noite anterior. Posso sentir o cheiro da mudança das estações.

Todo esse tempo é um luxo enorme, e fico impressionada com a sensação desagradável de que estou gostando um pouco demais disso tudo. Talvez não haja nada de errado comigo; talvez tudo se trate apenas de uma fantasia que criei no meu desespero para deixar o emprego. Sei que certamente estaria dando uma demonstração heroica maior de preocupação por meu posto abandonado, se já não estivesse mentalmente porta afora.

Em 2016, o dicionário Oxford elegeu *"hygge"* como a palavra do ano. O significado desse termo dinamarquês agora é bem conhecido: representa o conforto como uma espécie de prática consciente, uma volta ao aconchego caseiro para nos consolar da dureza do mundo exterior. No momento, estou mergulhando em uma vida *hyggelig*, cheia de velas e chás, quantidades razoáveis de bolo, suéteres quentinhos, meias grossas e muito tempo aninhada sozinha perto do fogo aceso. Não sei se fui um pouco seduzida demais por isso, se minha sensação de mal-estar é na verdade a escolha de um estilo de vida, um desejo de perfeição caseira para acalmar a turbulência que até recentemente espreitava minha existência.

Mas então dou uma curta caminhada até a orla e logo a dor volta. Antes mesmo de começar, noto que minhas pernas não estão muito firmes, inclinadas ligeiramente para o lado em um esforço de evitar que meu intestino sentisse a força total dos meus passos. Em dias normais, caminho tão rápido que os outros me imploram para diminuir a velocidade, mas hoje me vejo sendo ultrapassada por pedestres inquietos, que saem das ruas estreitas de Whitstable e entram nas avenidas para passar por mim.

Há uma camada baixa de nuvens acima da água. Descanso encostada no quebra-mar para recuperar o fôlego e assistir às ondas de crista amarela quebrarem na costa. Neste momento, chega uma mensagem de uma colega, e ver seu nome me deixa em pânico. Alguém me viu aqui? Posso justificar dar um passeio quando todo mundo está fazendo jornada dupla para compensar minha ausência? Penso em como vou explicar que cada passo dói, que preciso recuperar minhas forças.

Abro a mensagem. Ela só está perguntando, com gentileza, como estou e se posso indicar a localização de um arquivo. Percebo de repente como esse período de licença reorganizou minha mente em uma biblioteca de paranoia. Tenho medo de que duvidem de mim e de ser descoberta. Fico me perguntando o que todas essas pessoas que eu costumava ver todos os dias estão pensando de mim. Será que estão fofocando ou agora falam meu nome com uma espécie de discrição moribunda? Não sei o que é pior. Estou sentindo toda a força da culpa de ser incapaz de acompanhar, de ter ficado tão para trás que não consigo imaginar um caminho de volta. Essa mistura opressora de dor, exaustão, força de vontade e esperança perdidas. Minha única defesa é me recolher em um silêncio digno, mas não é isso que quero, de jeito nenhum. Quero dar conta de mim mesma, forçar todo mundo a entender.

Acima de tudo, quero desaparecer. Estou quase desesperada para encontrar uma maneira de me ausentar com facilidade da situação, como cortar meu contorno com um estilete de artesanato e me extirpar da cena de maneira limpa. Mas isso, eu sei, só deixaria um buraco na forma de uma pessoa. Fico imaginando todo mundo olhando para o espaço onde eu deveria estar.

Ouve-se um barulho vindo de cima, e o ar se enche de estorninhos, todos voando ao mesmo tempo dos telhados nos arredores. Um bando. Deve haver uma centena ou mais deles, recortados contra o céu branco. Eles se dispersam pelas casas, depois se unem na praia como se estivessem ligados por laços invisíveis. Passando por mim de novo, fazem um sussurro alto, o bater de asas amplificado de tantos pássaros encontrando um propósito comum, um estrondo suave e determinado.

Usei toda minha energia só para ver essa cena, e valeu a pena. Mas como poderia justificar isso para o mundo exterior? Como admitir que escolhi o clamor abafado dos estorninhos em vez das exigências barulhentas do local de trabalho?

Vou para casa e durmo para esquecer os esforços patéticos da minha manhã.

Água Quente

Ao entrar na Lagoa Azul, percebo que já estava sentindo a chegada do inverno nos meus ossos.

Passei o dia tremendo, apesar de estar vestindo um colete e um suéter, um casaco grosso e um chapéu com abas sobre as orelhas que me faz parecer uma pastora de algum desolado território nórdico. O frio de Reykjavík é do tipo penetrante, que de início não parece nada, mas que pouco a pouco se infiltra nas nossas camadas térmicas até chegar ao próprio sangue. Não é úmido como o frio inglês, apenas gelado, uma frieza pura que parece absoluta.

Caminhamos pelas ruas da capital e comemos um hambúrguer no porto. Nós nos protegemos do frio no museu do Mundo Viking, em Keflavík, onde vimos uma réplica de um navio Viking e aprendemos algumas sagas islandesas. Comemos cozido de carneiro com vista para o Atlântico soprado pelo vento. Ficamos maravilhados com a paisagem vulcânica incrivelmente escura que nos rodeia, a maneira como a água da torneira tem um cheiro forte de enxofre e deve ser decantada na geladeira por algumas horas antes de ficar quase potável. Suspeitamos, aliás, de que podemos estar exalando o cheiro daquela água, mas nos confortamos com a ideia de que todos também devem ter esse cheiro, então, talvez, ninguém vá perceber. Sentimos frio e cansaço, e um pouquinho de ansiedade com o custo de tudo.

Mas a água quente nos descongela, azul-leitosa, com aquele sabor sulfuroso, o vapor se desprendendo continuamente da superfície em direção ao ar frio que nos circunda. À medida que as pessoas entram na água, vejo seus rostos relaxarem na hora e tenho certeza de que o mesmo acontece com o meu. É como chafurdar na calma em si. Talvez seja o aspecto sobrenatural da água opaca e dos penhascos escuros de pedras-pomes que a cercam; talvez seja a experiência de nadar ao ar livre quando o céu está cinzento ao redor. Talvez haja realmente algo na água.

A Lagoa Azul não é um fenômeno natural, mas uma poça criada a partir de uma usina geotérmica. A perfuração começou no campo de lava de Svartsengi (que significa "prado escuro"), em 1976, para extrair vapor — usado para gerar eletricidade — e água quente — que emerge a mais de 200°C, repleta de minerais e algas. Isso significa que não pode ser canalizada de forma direta para as casas, uma vez que logo acumula resíduos. Assim, por um processo de troca de calor, é usada para aquecer a água doce a uma temperatura doméstica útil. Ou seja, a água geotérmica é um produto residual; o plano original era permitir que corresse com segurança para a lava circundante, onde seria drenada pelas rachaduras e buracos que ocorrem naturalmente na superfície. No entanto, no decorrer de um ano, os minerais começaram a formar uma camada sólida, que, como consequência, criou uma poça cuja água tem uma distinta tonalidade turquesa resultante da sílica em suspensão. Em 1981, uma pessoa com psoríase pediu permissão para nadar na poça e relatou que isso aliviou seus sintomas. Aos poucos, mais e mais pessoas começaram a nadar lá também, até que um spa foi criado em 1992. Sua boa sorte se equiparou à da crescente indústria de turismo islandesa; agora, um ingresso básico para uma diária custa quase cinquenta libras e os visitantes precisam fazer reserva com várias semanas de antecedência.

Um monitor no pavilhão de vestiário mapeia a temperatura em toda a lagoa, que é de 37 °C em alguns pontos e de 39 °C em outros — quase a mesma de um banho quente de banheira. O contraste entre o ar externo e a água é de arrepiar. Fico preocupada que Bert não vá querer se juntar a mim, mas ele entra com grande prazer e logo está nadando cachorrinho ao meu lado enquanto faço meu tour pelo local. Os visitantes passeiam ao redor, segurando cervejas geladas, o rosto coberto por máscaras de tratamento brancas feitas de lama rica em sílica. Alguns, como eu, só flutuam. Percebo que outros carregam seus celulares em copos de plástico vazios para mantê-los secos, como se não pudessem se separar de seus aparelhos nem mesmo por esse intervalo de tempo. Não sou a única que esqueceu como descansar.

Passo um tempo sob o estrondo de uma cachoeira artificial, depois me desloco para me sentar na gruta de vapor, que deixa o calor penetrar ainda mais. Uma mulher conversa comigo em meio à névoa fragrante, dizendo que a melhor época do ano é quando há neve no chão. Imagino que esteja certa e imediatamente lamento, pois não poderei ver quando isso acontecer. O calor é um instrumento contundente, mas o aquecimento é relativo. Nós nos sentimos mais aquecidos por saber que está congelando lá fora.

Mais tarde, no vestiário, experimento um tipo diferente de calor: a nudez de uma dúzia de mulheres, nenhuma delas com vergonha. Esses não são os corpos que você encontra posando na praia, depois de dietas sem qualquer alegria, a fim de estarem prontos para usar biquínis e bronzeados como um ato de disfarce. Esses são corpos do norte, de traseiros flácidos e com celulites, pelos pubianos rebeldes e cicatrizes de cesarianas, tagarelando amigavelmente em uma língua que não entendo. Elas são um vislumbre da vida que ainda está por vir: uma mensagem de sobrevivência, transmitida de geração em geração. É uma mensagem que quase nunca encontro no meu conservador país natal, e penso nas vezes em que sofri fúrias silenciosas por conta das traições do meu próprio corpo, imaginando-as serem só minhas. Não nos conhecemos em contexto. Porém, há evidências de inverno aqui, livremente compartilhado como uma troca de presentes preciosos.

Isso é o que você aprende no inverno: há um passado, um presente e um futuro. Há um tempo após o rescaldo.

Em momentos de desamparo, sempre pareço viajar para o norte. Tenho uma espécie de desejo boreal de viajar, um ímpeto de chegar ao topo do mundo, onde o gelo irrompe. No frio, descubro que posso pensar direito; o ar parece limpo e desobstruído. Tenho fé na praticidade do norte, em sua capacidade de se preparar e resistir, nos altos e baixos das estações. Os destinos de clima quente ao sul parecem irreais para mim, seu calendário é muito imutável. Amo as revoluções que o inverno traz.

Há muito tempo — ou, na verdade, apenas em agosto, quando tudo ainda parecia possível —, planejamos uma viagem à Islândia para comemorar meu quadragésimo aniversário. Quando a apendicite de H interrompeu minhas comemorações, brincamos, com algum alívio, dizendo que, pelo menos, ele não tinha reservado a viagem à Islândia para a data real do meu aniversário, ou eu poderia ter ficado tentada a ir sozinha. Mas então, com a viagem se aproximando, decidi que não deveria ir.

Eu não estava bem o suficiente, não estava firme o suficiente, não merecia tirar férias. Ainda temos permissão para tirar férias quando estamos de licença médica do trabalho? O que diabos as pessoas pensariam se descobrissem? Já nos distanciamos muito da época em que víamos uma pausa como uma estratégia legítima para ajudar na nossa recuperação. Eu me pergunto se ainda existe algum espaço para recuperação. Ou estamos ligados, ou desligados.

Eu tinha uma consulta médica de qualquer maneira, então decidi pedir um atestado para que pudesse apresentar na seguradora de viagens e receber nosso dinheiro de volta. Parecia a coisa sensata e responsável a fazer — moralmente incontestável. Quando a clínica geral disse "Posso ajudá-la com mais alguma coisa?", contei sobre a Islândia e como, é claro, não seria capaz de ir. "Não", insistiu ela, "acho que você deveria ir. Que diferença faz estar em um país ou outro, se está se sentindo mal de qualquer maneira? Você também pode aproveitar essas coisas. Nunca se sabe o que se pode encontrar virando a esquina".

Receber um "só se vive uma vez" de uma médica não foi tão reconfortante quanto deveria, mas foi uma permissão gloriosa de alguém que, de fato, sabe que só se vive uma vez. Atrás daquela mesa todos os dias, ela deve observar as pessoas descobrirem exatamente o que se espreita virando a esquina e quais invernos uivantes podem chegar de repente. Decidi seguir o conselho dela. Uma semana depois, embarquei em um avião para Reykjavík.

Depois de nadar na Lagoa Azul, sou acometida por uma febre tão violenta que parece que as águas a drenaram de mim. Eu me deito na cama e alterno entre calafrios de tiritar os dentes e suores incendiários que deixam a roupa de cama encharcada. Minha garganta pode muito bem estar cheia de vidro quebrado.

Deveríamos mesmo chamar um médico, mas não sei como, nem quanto custaria, e em Reykjavík isso me assusta.

Em vez disso, mando H e Bert conhecerem os pontos turísticos enquanto estou deitada no sofá do nosso apartamento do Airbnb, assistindo a filmes na Netflix e bebendo água gelada; alterno cuidadosamente o paracetamol e o ibuprofeno de quatro em quatro horas, e cedo à vontade de dormir. Sinto como se tivesse perturbado um *kraken* adormecido ao me esforçar demais. Porém, depois de um dia ou mais, percebo que não é nada mais exótico do que uma amigdalite. Estou quase satisfeita com o quão mundano é isso. Só uma coisa simples e conhecida. Vai passar.

Em pouco tempo, fico pensando se não conseguiria dar uma saidinha de carro, mas também estou sendo lembrada contra minha vontade de que este é algum tipo de portal para uma nova fase na minha vida. Estava tão emaranhada no estresse que não conseguia mais ver além dos meus próprios nós e agora, tendo relaxado um pouco, estou sentindo toda a força do impacto. Estou esgotada. Dei um pulinho na Islândia após a explosão de uma bomba, e agora o tremor me atingiu. A vida está claramente me ensinando algum tipo de lição, mas ainda não consigo decifrá-la. Fico preocupada que se trate de fazer menos, de ficar em casa e desistir das aventuras por um tempo. Isso não é algo que eu queira aprender.

Enquanto isso, tenho a experiência desconhecida de ficar presa no sofá com tempo para matar. Trouxe uma pilha de livros para a Islândia, mas é claro que não quero ler nenhum. Em vez disso, baixo *A Bússola de Ouro*, de Philip Pullman, no meu Kindle e me enrolo debaixo do edredom para relê-lo. Acho que estou ansiando pela tundra gelada, pelos ursos de armadura e pelo Pó, pelas cidades escondidas na aurora e pelo abraço caloroso dos gípcios. Costumo recorrer a livros infantis em momentos como esse, quando sinto um anseio de escapar para um mundo que é ricamente representado e complexo, porém familiar de uma maneira reconfortante. Contudo, conforme progrido na história, percebo que, em vez disso, estou mesmo procurando alguma coisa. Estou assombrada pela imagem de Tony sendo arrancado de seu daemon e tento encontrá-lo nas páginas. E, depois de algumas horas, lá está ele: cambaleando, fraco, na direção de Lyra, tremendo, perdido e incapaz de sobreviver. Tenho caçado um espelho para mim mesma, uma representação de como me sinto neste momento. Uma criança separada, presa entre dois mundos, incerta se pode acreditar em qualquer futuro sólido. Não é exatamente reconfortante de descobrir, mas com certeza é satisfatório, como um momento compartilhado de revolta ou o prazer de um filme triste.

No final da viagem, já me recuperei o suficiente para embarcar em um navio chamado *Andrea* e atravessar o mar em busca de baleias, mesmo que com a ajuda de muitos medicamentos. Agora o céu está azul, nítido e claro lá fora, e o mar está calmo o bastante para formar um espelho perfeito no Porto Velho. Bert, que já está vestido com salopetes e parca acolchoada, é obrigado a colocar um colete salva-vidas tão grande que mal consegue usar os braços. Ele segue por todo o convés com seu andar de criança enquanto vamos em direção ao mar, tropeçando como um boneco Michelin bêbado. Logo fica entediado, exigindo assistir *O Pequeno Reino de Ben e Holly* no meu celular e fazendo tentativas inúteis de tirar uma soneca em um dos bancos de fibra de vidro. Cada onda o faz rolar para o chão, onde ele fica largado de costas como um besouro laranja absurdo, agitando as perninhas.

À nossa volta, o mar está dando um espetáculo e Bert mal se interessa. Pequenas medusas-da-lua pontilham a superfície ao nosso redor e as aves marinhas mergulham em busca de peixes que não podemos ver, mas os vislumbres dos mamíferos aquáticos são intermitentes e Bert não tem noção de como são raros. Seus livros estão cheios de baleias, e ele as vê — inteiras — na TV, emitindo seus cantos estranhos e fazendo contato visual com a câmera. Baleias devem parecer comuns para ele e, hoje, pouco cooperativas. É um dos grandes privilégios da idade adulta saber que não há nada de comum em observar uma baleia-anã irrompendo a poucos metros do barco, com o filhote surgindo logo em seguida; ou observar um grupo de golfinhos apostando corrida em frente à proa, doze deles saltando da água em uma onda sincronizada. Toda essa vida — toda essa sobrevivência — no mais profundo frio.

No caminho de volta para a costa, eu me sento no convés e deixo a luz dourada oblíqua incidir no meu rosto. Este é o banho de sol do norte — mergulhar a única parte do corpo que você ousa expor às intempéries com o calor mais difuso que se possa imaginar e sentir-se renovado. Percebo que encontro calma em observar os padrões inquietos do vento no Atlântico azul-ardósia, muito mais do que jamais poderia em um paraíso tropical que não é meu. De que adianta migrar para um país mais quente por algumas semanas para afastar o inverno? É só adiar o inevitável. Quero passar o inverno no frio, abraçar as mudanças que traz, me acostumar com ele.

Mas também sei que passei a maior parte da vida tentando afastar o inverno, raramente tendo que sentir sua verdadeira ação cortante. Tendo crescido no sudeste da Inglaterra, onde a neve é uma raridade e a escuridão sempre pode ser repelida com uma lâmpada, nunca tive que me preparar para o inverno ou suportar meses de frio brutal. Na Islândia, onde as estradas vão fechar logo após as primeiras nevascas e a vida precisa se agarrar com tenacidade à lava varrida pelo vento, aprendi algo sobre como me manter aquecida. Aqui, no convés do *Andrea*, nos confins do Atlântico, me aproximando de um inverno pessoal, tenho certeza de que o frio tem poderes curativos que ainda não cheguei nem perto de entender. Afinal, você coloca gelo nas juntas após uma queda desajeitada; por que não fazer o mesmo com a vida?

Em nosso último dia, atravessamos o país de carro para ver o "Círculo Dourado": as cataratas de Gullfoss, com suas multidões, trovões e arco-íris refratados; Strokkur, o gêiser, que incha e resmunga e depois explode em uma coluna magnífica de água fervente; e o encontro das placas tectônicas da América do Norte e da Eurásia no Parque Nacional Þingvellir. No caminho de volta, ao longo do interior sem árvores do país, acho que avistei o mar no horizonte distante e acredito que já cruzamos toda a ilha de carro, mas, ao consultar o mapa, percebo que é uma geleira, um enorme campo de gelo permanente que cintila como água. Eu não tinha ideia de que aquilo estava ali; não tinha ideia nem mesmo de que sua existência fosse possível.

Quando estava conversando com Hanne Mällinen-Scott, percebi que ela voltava continuamente para a sauna; aquilo a ajudava a lidar com o frio. Ao retornar da Islândia, percebi que tinha sido isso que eu havia experimentado na Lagoa Azul: o aquecimento do corpo, mas também o relaxamento da mente.

A sauna tem um significado quase espiritual na psique finlandesa, agindo como um local de relaxamento e retiro, em especial nos meses de inverno. A maioria das casas tem suas próprias saunas e, em condomínios, uma sauna comum, na qual se reserva um horário toda semana. Não ter acesso a uma sauna é impensável. Ela é considerada essencial, como um banheiro ou uma cozinha.

"É um momento de calma", explicou Hanne, "um momento em família. Em sauna, você passa por uma limpeza da mente."

Hanne fala meu idioma perfeitamente, mas percebo que ela usou a mesma expressão toda vez: *em sauna*, em vez de *na sauna*. Ela não está falando sobre um local, um pequeno galpão de pinheiro queimando carvão num canto; ela está falando sobre um estado de ser.

"Todas as decisões são tomadas lá", continuou ela. "Minha mãe nasceu em sauna." Ela viu meu olhar horrorizado; a ideia de passar pelo trabalho de parto em um ambiente tão quente me deu náusea. "Todo mundo nascia assim! Era o lugar mais limpo naquela época, e toda a água quente estaria lá de qualquer maneira. As pessoas também eram levadas lá para serem lavadas quando morriam." Até pouco tempo atrás, a sauna hospedava todo o ciclo da vida. O percurso todo, do nascimento à morte, ainda está lá, simbolicamente: a chegada e a partida, aproximadas pelo inverno.

"O que se faz depois da sauna?", perguntei.

"Você corre para um lago se puder", disse ela, "ou rola pelado na neve."

Eu a encarei por alguns instantes. "Você está brincando?"

"Não! É uma delícia. Se for verão, você acende uma fogueira e todos ficam sentados cozinhando salsichas em palitos, mas, no inverno, é mais como um evento, porque você precisa do calor. Tínhamos uma sala especial onde podíamos todos nos sentar em nossas toalhas e beber algo. Você precisa disso porque se sente muito isolado."

Juro que vou dedicar meia hora por semana para me sentar na sauna da academia depois de um nado suave. Espero que me traga um pouco daquela clareza do norte, aquele contraste vital contra a frieza da vida. Na verdade, eu me imagino sentada contente na penumbra quente de pinheiro da sauna, bebendo sabedoria mística e melhorando meus poros infinitamente.

Compartilho essa proposta com H, que diz: "Você odeia saunas. Te deixam com muito calor".

"É verdade", respondo, "mas percebi que só preciso diminuir minha resistência ao calor e vou começar a gostar. Tenho que parar de ver o calor como uma coisa ruim."

Há alguns anos, dividi uma sauna com um amigo que derramava água nas brasas com tanto entusiasmo que tive de pular para fora dali com medo de ser escaldada. Tinha certeza de que ele viria na mesma hora atrás de mim e admitiria seu erro, mas, dez minutos depois, ele emergiu rosado feito uma lagosta e com um sorriso sonhador. Decidi que tenho que aprender com esse episódio: não preciso temer o calor. Em vez disso, devo me render a ele.

Pago a taxa de adesão, nado umas vinte voltas cloradas cada vez mais entediantes e depois me retiro para a sauna a vapor. Estou confortável aqui na névoa densa e quente, sentindo a pele ficar úmida e flexível, deixando os pulmões se expandirem. Essa sempre me pareceu a mais atraente dos dois tipos de sauna: a seca — ao estilo finlandês — é pouco densa e sem umidade, enquanto a sauna a vapor é úmida, quente e confortável. Mesmo assim, os usuários radicais do hamame — ou dos banhos turcos — pelo mundo parecem admirar a sauna seca acima de tudo, como a mãe de todas as saunas. Será porque a sauna seca é um gosto adquirido, mais difícil de amar e, portanto, mais reverenciada, ou será porque usa um formato mais simples — apenas uma cabana de madeira, carvão quente e um jato de água? A sauna seca parece natural, enquanto sauna a vapor é urbana, com seus assentos mofados e seu abafamento controlado por termostato. Amar a sauna a vapor é o mesmo que amar um shopping recém-construído em vez de um pitoresco mercado municipal. É cafona. Preciso superar isso.

Então, removo o maiô quente do corpo, tiro a toalha do gancho e entro na sauna seca, que por sorte está vazia e parece não ter sido usada há algum tempo. A sala está agradavelmente quente, em vez de ardente; o aquecedor tiquetaqueia no canto.

Estendo a toalha e me sento no banco inferior, que, tenho certeza, é o lugar mais fresco do espaço. Respiro o ar árido e começo a tossir. Decido que aquilo deve ser uma coisa boa. Estou expectorando! Com certeza, essa será a magia da sauna. Eu me inclino para trás e me arrependo de imediato, com a suspeita de que minhas costas agora estão marcadas com as listras do banco.

De fato, cheira bem aqui: um odor amadeirado e leve de resina. Minha pele se arrepia e parece que pode estar enrugando; as raízes do meu cabelo formigam. A temperatura com certeza está subindo. Tento encontrar o estado de espírito de sauna, espaçoso e tranquilo, livre das preocupações imediatas que existem do lado de fora. Em vez disso, sinto principalmente sede. Respiro. Não vai demorar muito até que eu possa ir atrás de algo para beber. Por enquanto, estou "em sauna", fazendo o mesmo que na Islândia: procurando a força elemental do calor e encontrando uma maneira de superar os obstáculos da vida. Isso aqui não é uma indulgência: é um modo de manutenção severo e sólido, uma resposta vigorosa aos caprichos da existência. Estou sendo prática.

E para mim já deu. Já deu, como se eu estivesse totalmente cozida. Daria para colocar um espeto no meu corpo e ver que meus líquidos estão todos claros. Está tudo muito bem. Por causa do tempo na sauna, agora sou sábia e lúcida, e assim sei que não vale a pena me esforçar para além do limite do confortável e que posso aumentar minha resistência com o tempo. Eu me levanto, passo a toalha em volta dos ombros e entro no chuveiro.

É neste momento, quando a água quentinha bate no meu couro cabeludo e meus pulmões estão saboreando o retorno ao ar fresco, que começo a me sentir um pouco zonza. Respiro fundo algumas vezes, mas meu coração está batendo forte e minha visão está piscando em uma estranha coloração verde-escura com bordas douradas. Mas estou bem; afinal, sou *compos mentis* o bastante para poder analisar a situação. Talvez eu só precise de um pouco de água. Agora que penso nisso, minha boca está incrivelmente seca. Desligo o chuveiro e volto ao cubículo para me sentar um pouco. Enquanto faço isso, consigo vestir a calcinha, porque agora me ocorreu que estou nua debaixo da toalha e me sentindo um tanto zonza, dentro de um cubículo trancado, e que eu deveria mesmo sair dali. Acabo de enganchar o fecho do sutiã quando percebo que posso estar prestes a vomitar. Ou que poderia cair dura ali mesmo, desmaiada. Com certeza, a melhor coisa a se fazer é me deitar de lado no chão para evitar qualquer acidente caso algo aconteça.

Fico ali um bom tempo, o rosto colado no ladrilho frio e enrugado de umidade, observando os pés de um punhado de mulheres andando de um lado para o outro, hidratando as canelas e calçando as meias. No geral, estou absolutamente bem, embora um pouco preocupada com o fato de que a textura antiderrapante do piso agora esteja impressa na minha bochecha. Uma vez, peguei uma insolação em um festival de música e disse para todo mundo na tenda médica que estava com meus três irmãos, trigêmeos idênticos, mas não conseguia lembrar os nomes deles. Meu irmão (um só, o verdadeiro) ouviu esse anúncio pelo alto-falante e, de alguma forma, percebeu que deveria ser eu. Com certeza não estou nesse estado agora. Na verdade, estou me sentindo surpreendentemente lúcida, embora um pouco presa ao chão. E com muita sede.

Tento erguer a cabeça, mas o mundo gira ao meu redor de novo, então decido que talvez possa obter alguma ajuda discreta da mulher no cubículo ao lado, que anda fazendo barulho com bolsas e garrafas há algum tempo.

"Com licença", sussurro, e então mais alto: "Com licença?" Dou um tapinha na divisória entre nós.

"Sim?", vem uma voz assustada.

"Desculpa incomodar, mas estou me sentindo um pouco zonza. Será que você poderia me arrumar um copo d'água?" Uma pausa.

"Então, precisa mesmo? É só que eu ainda estou colocando a roupa aqui."

"Preciso, sim", resmungo. "Não consigo me levantar do chão."

A mulher fica em silêncio, e parece que, para todos os efeitos, ela pensou melhor em vez de conversar comigo e decidiu continuar com seu dia. Algum tempo depois, ela sai do cubículo e ouço a porta do vestiário se fechar também. Todo mundo foi embora.

E então, de repente, nem todos foram embora. A porta se abre e surge uma mulher, gritando: "Estou procurando a moça que desmaiou!".

Oh, Deus, penso. Ela pergunta se consigo abrir meu cubículo, e consigo. Começo a explicar que só preciso de um copo d'água, mas naquele momento percebo que ela é só a primeira de um grupo que entra a seguir, às pressas, com todos os funcionários do local, pelo visto, metade deles homens e dois deles carregando desfibriladores. Todos formam um semicírculo cheio de expectativa ao meu redor, parecendo preocupados e também extremamente entusiasmados pela perspectiva de colocar seu treinamento de primeiros socorros em prática. Meu único pensamento é que meu esforço para vestir a calcinha antes de me deitar no chão agora parece um ato de profunda sabedoria.

"Tire eles daqui!", sussurro para a primeira mulher, que agora é minha aliada só porque é a única pessoa no vestiário que também está na casa dos quarenta. "Estou de *calcinha*", acrescento, para dar ênfase.

Felizmente, ela concorda. A mulher pega minha toalha e a coloca sobre mim, dizendo à multidão reunida que estou consciente e que eles podem se dispersar com segurança.

"Desculpe", diz ela, "fizemos um anúncio no rádio chamando os socorristas e todos compareceram."

"Eu só preciso de um copo d'água", insisto. "Mesmo."

Enfim, minha água está chegando. Sento-me para beber e começo a me sentir melhor. Para acelerar o resto da história, depois disso fico sentada na sala de massagem por uma hora, tomando um chá açucarado e sendo convencida a pegar um táxi, porque de fato não é seguro dirigir no meu estado. Isso me custa 25 libras, mais o aviso prévio de três meses de cancelamento da matrícula na academia, porque não colocarei os pés naquele lugar nunca mais.

No fim, talvez seja um erro adotar por completo as práticas nórdicas. Talvez demore uma vida inteira para eu me acostumar.

Talvez eu precise sentir o verdadeiro frio antes de poder me aquecer novamente.

Katherine May *inverno da alma*

Histórias de Fantasmas

O Halloween é a passagem fronteiriça para o inverno. Tecnicamente, novembro também é um mês de outono, com as folhas ainda agarradas às árvores; mas, do ponto de vista psicológico, uma linha é cruzada aqui. No dia seguinte ao Halloween, quando as abóboras começam a mofar, meus pensamentos se voltam para o Natal, para pegar lenha e usar meia-calça por baixo do jeans na Bonfire Night.*

O Halloween não era quase nada quando eu era criança, mas agora, como acontece com o Natal, há uma corrida distinta para a celebração dessa data. Voltamos da Islândia para encontrá-la em pleno andamento. Ao longo da minha rua, as pessoas colocaram recortes de fantasmas e morcegos em suas janelas e correntes de papel nas portas com festões de abóboras interligados. Na vitrine da loja de ferragens da cidade

---

* A Bonfire Night ou Fireworks Night (Noite das Fogueiras ou dos Fogos de Artifício) é uma data cívica comemorada pelos britânicos. Marca o fracasso de uma conspiração engendrada por católicos insurgentes para explodir o rei Jaime I e o Parlamento em 5 de novembro de 1605. Os fogos de artifício e as fogueiras usadas no século XXI são uma lembrança da pólvora colocada pelos conspiradores sob as Casas do Parlamento. [As notas são da tradutora.]

há um manequim envolto em uma capa preta, encimado por uma máscara horrível de pele esverdeada, olhos arregalados e boca fixada em um grito. Quando criança, fiquei com medo de duas pessoas fantasiadas que vieram pedir "Gostosuras ou Travessuras" na porta dos meus avós e tive que me esconder atrás da saia da minha avó porque nunca tinha visto uma coisa tão terrível antes. Bert, porém, parece passar com naturalidade pelas imagens macabras; na verdade, anseia por elas, resmungando que mais uma vez deixamos de decorar a casa com teias de aranha de algodão e lápides de plástico.

"Não comemoramos o Halloween", digo a ele quando passamos por outra vitrine cheia de restos de esqueletos e dedos decepados. "Não é nossa tradição."

"Mas por quê?", insiste ele, e não tenho uma resposta pronta para isso. Porque me parece excessivo — cafona, desnecessariamente caro e cheio de novos costumes enervantes que não acontecem de comum acordo? Porque é novo? Porque a noite de Halloween sempre parece que está prestes a virar um caos, e fico inquieta cada vez que passo por um grupo de adolescentes? No ano passado, acordamos em 1.º de novembro e descobrimos que nossa porta da frente havia sido bombardeada com ovos, suas cascas estilhaçadas incrustadas na pintura. Apesar de ter esperado humildemente na porta a noite toda para distribuir doces a quem batesse, fui alvo de uma travessura desagradável. Disse a mim mesma que era algo aleatório, embora em segredo acreditasse que era tudo menos isso. Eu tinha medo delas, daquelas crianças que espreitavam no limite do meu campo de visão como os fantasmas da minha adolescência, e de alguma forma elas sabiam disso. Foi como se tivessem farejado meu medo.

O Halloween é uma reviravolta da ordem natural, com uma linhagem que reside nas antigas tradições de inverter os papéis, deixar os pobres se tornarem os governantes e rebaixar os ricos.

Há muito tempo existe uma ligação febril entre monstros e zombaria, e aqueles que não têm poder frequentemente têm permissão para jogar nas bordas da civilidade a fim de reprimir guinadas mais perigosas em direção ao motim e à rebelião. No Halloween, a próxima geração pode expressar seu potencial para criar problemas e, assim, nos oferece uma visão reconfortante do comedimento que demonstram durante o resto do ano. Para Bert, que está a uma década de uma insurgência total, o Halloween é o festival que lhe dá acesso às noites de inverno, cada vez mais próximas, permitindo que se arrume e saia com coragem na noite escura, batendo em portas desconhecidas. Ele quer a pantomima de campo do Halloween, o último posto avançado do verão antes que seu horário de brincar seja seriamente restringido pela escuridão.

"No ano que vem", me pego dizendo a ele, "vamos decorar. Prometo."

Percorremos um longo caminho desde que o Halloween era apenas a noite antes do Hallowmas, o dia em que os fiéis cristãos se lembravam dos sacrifícios de seus santos. De acordo com Steve Roud em *The English Year*, no século XIX as vigílias realizadas na véspera do Dia de Todos os Santos haviam se tornado mais parecidas com festas, com mordidas de maçã e outras brincadeiras. Essa também era a época para atos simples de adivinhação, muitos dos quais previam os caminhos do amor. As maçãs eram descascadas em uma longa tira ininterrupta, que era jogada por cima do ombro para revelar a inicial da pessoa amada; as avelãs recebiam o seu nome e o da pessoa desejada, e depois eram assadas ao lado do fogo. Se as nozes saltassem com o calor, era considerado um mau sinal para sua futura harmonia conjugal. Mais assustador ainda, uma mulher podia escovar o cabelo na frente de um espelho à meia-noite e esperar ver o futuro marido por cima do ombro.

No Halloween, vemos ecos do festival pagão gaélico do Samhain, que marcava a chegada da "metade escura" do ano. Era celebrado com fogueiras e tochas acesas, com o espalhamento de cinzas e tentativas de ver o futuro através dos sonhos ou do voo dos corvos. O Samhain era considerado um momento em que o véu entre este e o outro mundo estava mais tênue. Os deuses antigos tinham que ser aplacados com presentes e sacrifícios, e a trapaça das fadas era um risco ainda maior do que o normal. Esse era um limiar no calendário, um tempo entre dois mundos, entre duas fases do ano, quando os adoradores estavam prestes a cruzar uma fronteira, mas ainda não o tinham feito. O Samhain era uma forma de marcar aquele momento ambíguo quando você não sabe quem está prestes a se tornar ou o que o futuro reserva. Era uma celebração do limbo.

Nossas celebrações ocidentais contemporâneas esquecem completamente os mortos, ou pelo menos os removem de qualquer associação com dor e perda. Não oferecem conforto aos que choram. Afinal, somos uma sociedade que tem feito tudo o que pode para apagar a morte, perseguir a juventude até o amargo fim e marginalizar os idosos e enfermos. Para a maioria de nós, a antiga tradição de preparar o corpo dos nossos mortos está há muito esquecida, e a ideia de que podemos ser íntimos da morte agora é algum tipo de piada gótica. O Halloween de hoje simplesmente reflete o que pensamos em segredo: que a morte é uma rendição à decadência que nos torna monstros.

Mas o inverno é uma época em que a morte se aproxima — quando o frio parece que ainda pode nos levar embora, apesar dos nossos confortos modernos. Ainda percebemos a presença daqueles que perdemos no silêncio das longas noites e nas profundezas da escuridão que trazem. Essa é a temporada dos fantasmas. Suas formas pálidas são invisíveis sob o sol forte. O inverno as torna claras mais uma vez.

Quando a noite de Halloween finalmente chega, eu desisto. Bert sai para pedir "Gostosuras ou Travessuras" com um amigo e, quando eles voltam, eu lhes sirvo sopa de abóbora e dedos de homem morto (cachorro-quente com vermes de cebola frita), e por último um bolo de chocolate com glacê verde. Eles brincam de morder maçãs no quintal e pintam o rosto como esqueletos, com bochechas brancas e olhos roxos. Bert vai para a cama contente naquela noite, embora um pouco agitado com a emoção e o açúcar. Ele já está planejando uma fantasia para o próximo ano. Sinto como se tivesse sancionado um ato de rebelião numa noite de semana em período de aulas, e isso me agrada.

Naquela noite, leio algumas páginas do meu livro favorito de infância, *The Children of Green Knowe*, de Lucy M. Boston. Em meio a toda cacofonia macabra, preciso de uma história de fantasmas de verdade, tranquila e muito bem escrita, estranha em vez de horrível, seu significado encontrado na liminaridade. Como tantos romances infantis de meados do século XX, ele começa no início das férias de Natal, com o jovem Tolly sentado em um trem, retornando do internato para sua casa ancestral. Seus pais estão na Birmânia, então ele ficará com a bisavó Linnet Oldknow, uma mulher de grande bondade e feitiçaria sutil. No começo, a casa parece um lugar solitário para Tolly, mas logo ele percebe que há crianças com quem brincar, mesmo que só às vezes: os fantasmas de Tolly e Oldknow do passado.

Green Knowe parece ser um presente eterno, onde o tempo se funde em um só momento — um "lugar tênue" celta onde os fantasmas podem se infiltrar facilmente nos dias atuais. Logo, Tolly está lutando contra males ancestrais com as outras crianças, mas também aprendendo canções que amavam e brincando com seus brinquedos. Existem objetos na casa — um ratinho de ébano, um par de cachorros de porcelana — que representam uma concentração coletiva de imaginação entre as muitas gerações de crianças que viveram em Green Knowe: "E o rato guinchou debaixo do seu travesseiro e os cachorros de porcelana latiram?", pergunta a sra. Oldknow quando Tolly acorda na primeira manhã.

Lendo *The Children of Green Knowe* agora, fico impressionada principalmente por uma passagem no final do livro, que deve ter sido invisível aos meus olhos infantis. Na véspera de Natal, Tolly e sua bisavó enfeitam a árvore juntos e ouvem o som do balanço de um berço vindo do andar de cima. Em seguida, ele é acompanhado pela voz de uma mulher cantando:

> *Lully Lulla, Tu, pequenina criança*
> *Por, por, Lully Lullay.*
> *Ó, irmãs, também, como podemos fazer*
> *Para preservar este dia*
> *Este pobre jovem*
> *Por quem cantamos*
> *Por, por, Lully Lullay.*

Tolly pergunta quem está cantando e por que sua avó está chorando. A voz, diz ela, é tão velha que ela mal sabe de quem é: "É lindo, só que faz muito tempo. Não sei por que isso deveria ser triste, mas às vezes parece que é". Sem entender de verdade o que ela quis dizer, Tolly se junta à música, "enquanto há quatrocentos anos um bebê foi dormir". Como podemos codificar com tanto cuidado o peso da perda, da dor, do tempo e da continuidade nos livros das nossas crianças, mas esquecê-los tão completamente?

Fantasmas podem fazer parte do terror do Halloween, mas nosso amor por histórias de fantasmas revela um desejo muito mais frágil: que não desapareçamos com tanta facilidade desta vida. Passamos muito tempo falando sobre deixar um legado neste mundo, grande ou pequeno, financeiro ou da nossa imagem perante a sociedade, sobre não sermos esquecidos. Porém, as histórias de fantasmas nos mostram uma preocupação diferente, escondida sob nossa fanfarronice: esperamos que os mortos não nos esqueçam. Esperamos que nós, os vivos, não percamos os significados que parecem evaporar quando nossos entes queridos morrem.

Minha própria avó morreu, de forma bem inesperada, quando eu tinha 17 anos. Sei que parece absurdo dizer isso sobre alguém que soprou as velas no bolo de seu aniversário de 80 anos em uma cama de hospital, mas foi meu primeiro encontro com a morte, e foi inesperado para mim. Do meu jeito ingênuo, esperava que ela melhorasse e voltasse para casa.

Nós duas compartilhávamos um interesse por histórias de fantasmas, embora eu ache que, na verdade, minha verdadeira paixão só começou depois que ela morreu. Embora eu fosse uma pessoa racional, percebi que a questão dos fantasmas estava longe de ser resolvida para mim até aquele ponto; tive certeza de que, se alguém poderia voltar para uma visita espectral, seria minha avó. É difícil expressar a decepção amarga que senti por ela não conseguir aparecer ao lado da minha cama no meio da noite, irradiando conforto; mas, por outro lado, isso é o luto — um anseio por aquele último momento de contato que resolveria tudo. Senti isso com mais intensidade no primeiro ano, mas nunca passou. Existem apenas algumas coisas que eu diria hoje que não pensei em dizer quando tinha 17 anos, algumas coisas que sei agora e que não sabia naquela época.

O Halloween não é mais um momento de lembrança, mas ainda revela nossa necessidade de adentrar esses limiares: aqueles momentos em que estamos na fronteira entre o medo e o deleite, e aqueles momentos em que desejamos que o véu entre os vivos e os mortos levantasse por um instante. Mas, acima de tudo, sugere que o inverno está chegando, abrindo a porta para a estação escura e nos lembrando das trevas que espreitam no futuro de todos. Nós, adultos, deveríamos aprender a marcá-lo, acredito eu, mas não necessariamente com a desordem comercializada do nosso Halloween atual. Talvez devêssemos recorrer aos rituais do Samhain: acender fogueiras, aplacar os velhos deuses e fazer nosso melhor para adivinhar o futuro. Em algum lugar, de alguma forma, será revelado o caminho para o outro mundo.

Novembro

Metamorfose

Há uma mudança no ar. De manhã cedo, quando abro a porta dos fundos, o ar entra na cozinha, intenso, frio e fresco como hortelã. Cria nuvens brancas de vapor na minha respiração. O inverno decorou a vida comum. Alguns dias, tudo cintila, exaltando as tampas das lixeiras e os desenhos das calçadas. A neve grava padrões misteriosos no teto dos carros, e as poças que se acumulam na sarjeta estão puro gelo.

Minhas gatas vestiram seus casacos de inverno. Lulu, nossa vira-lata preta e branca, é marrom no verão, mas fica preta reluzente quando chega o frio. Heidi, nossa casco de tartaruga, perde seus pelos loiros de clima quente e fica com a pelagem densa e aveludada, seus tons acobreados se aprofundando no vermelho. Estão subitamente presentes na casa, depois de terem nos evitado durante todo o verão quando as noites quentes eram um convite à aventura. Assim como nós, elas agora anseiam por almofadas confortáveis e uma lareira ocasional.

Eu também estou mudando. Escondidos em meias o dia todo, meus pés mudam de cor: do bronzeado de verão para o branco do inverno, e as sardas de sol desaparecem. Minhas canelas e joelhos estão ficando ressecados; meu rosto anseia por hidratante todas as manhãs. Privado de sol, meu cabelo escurece, e a pele começa a se partir em volta das unhas. O meu casaco de inverno é de um marrom monótono, que geralmente contrasta com as bochechas vermelhas brilhantes, o legado dos ventos costeiros; no entanto, o inverno não é o momento de se exibir. Amo a separação que ele traz, a forma como as pessoas são escassas mesmo durante o dia, quando você pode beber a luz diluída do sol baixo, sua sombra se esticando a seus pés.

Conforme o ano foi passando, me acostumei com a dor. Algumas semanas de antibióticos clarearam minha cabeça e estou obedientemente tomando analgésicos para evitar o pior. Estou começando a me aventurar de novo fora de casa em jornadas curtas. Esta é a época em que começo a acreditar que a praia é toda minha, quilômetros de solidão varrida pelo vento, pelos quais posso marchar sem encontrar uma vivalma. Ninguém mais parece gostar do frio ou do rugido do vento como eu. O inverno é a melhor época para caminhar, desde que você possa resistir a uma pequena dor de ouvido e seja imune à lama. Os melhores dias são os mais frios, quando até mesmo a lama congela e a terra se estilhaça sob os pés, firme e satisfatória. Uma boa geada arranca cada pedacinho de grama, a borda serrilhada de cada folha. O frio torna tudo primoroso.

Caminho ao longo do rio Stour, em Sandwich, atravessando as planícies em direção ao mar. Os juncos secaram até se tornarem um bege farfalhante, e as árvores nuas revelam um pica-pau muito verde voando entre os galhos. Percebo que as gaivotas-de-capuz-escuro já vestiram sua plumagem de inverno. As jovens, entrando em seu primeiro inverno, transformaram suas penas marrons em cinza. As adultas em idade de reprodução parecem brancas enquanto deslizam no alto; as penas escuras em seus rostos recuaram, deixando uma mancha de carvão atrás de cada olho, como uma orelha engraçadinha. A maré está mais alta do que o normal, e o pântano se transforma em um mar baixo e prateado. Ela deslocou os maçaricos para a vegetação rasteira ao redor do caminho. Enquanto ando, eles se espalham aos meus pés e piam, mal-humorados. Também há faisões e um falcão-peregrino cercado por corvos. Em meio à transformação do inverno — a mudança indesejável — há uma abundância de vida.

A transformação é o negócio do inverno. Na mitologia gaélica, a divindade bruxa conhecida como Cailleach assume a forma humana no Samhain para governar os meses de inverno, trazendo consigo os ventos e o clima intenso. Seus próprios passos mudam a terra: as montanhas da Escócia foram formadas quando ela jogou pedras de sua cesta, e ela carrega um martelo para formar vales. Um toque de seu cetro é suficiente para congelar o solo. Ainda assim, Cailleach é considerada a mãe dos deuses, a rude e fria criadora de todas as coisas. Seu reinado dura apenas até o início de maio, quando Brìghde assume e Cailleach se transforma em pedra. Em algumas versões da mitologia, Cailleach e Brìghde são duas faces da mesma deusa: juventude e vitalidade para o verão, idade e sabedoria para o inverno.

Como tantas vezes encontramos no folclore antigo, Cailleach nos oferece uma metáfora cíclica para a vida, na qual as energias da primavera chegam repetidas vezes, alimentadas pelo profundo retiro do inverno. Não estamos mais acostumados a pensar dessa maneira. Em vez disso, temos o hábito de imaginar que nossas vidas são lineares, uma longa marcha do nascimento à morte, na qual concentramos nossos poderes, apenas para abrir mãos deles mais uma vez, o tempo todo perdendo pouco a pouco nossa beleza juvenil. Essa é uma inverdade brutal. A vida serpenteia como um caminho pela floresta. Temos estações em que florescemos e estações em que as folhas caem de nós, revelando nossos ossos nus. Com o tempo, elas crescem de novo.

Isso me lembra de uma história que Shelly, uma amiga minha, conta sobre o ano em que abandonou por completo a vida. Com apenas 18 anos, ela entrou em coma após contrair meningite bacteriana. Quando acordou, três dias depois, estava desamparada, incapaz de deixar o leito de hospital ou mesmo de mastigar a comida, mas algo havia acontecido naquelas horas intermediárias, o que tornou possível suportar os meses de recuperação que vieram depois. Ela teve um sonho incrível em que estava caindo na escuridão, mas ouviu o som de um canto, e isso a ergueu e a carregou para um trailer no topo de um penhasco, onde ficou esperando em segurança. Ela voltou à vida cotidiana sabendo que era diferente de todas as outras pessoas da sua idade: não tinha mais medo da morte, que agora lhe parecia um processo benigno. Ela também tinha um senso renovado de foco e determinação, que veio de saber como a vida poderia ser curta. Isso permitiu que abandonasse seu antigo eu e construísse um novo. Sempre que falo com ela sobre isso (e peço com frequência), tenho a sensação de que ela teve mais contato com o ciclo de vida do que o resto de nós. Ela sabe o que é se livrar de uma pele velha e deixar crescer uma nova.

A queda das folhas pelas árvores decíduas é chamada de abscisão. Ocorre no pico entre o outono e o inverno, como parte de um arco de crescimento, maturidade e renovação. Na primavera e no verão, as células das folhas estão cheias de clorofila, uma substância verde-viva que absorve a luz solar para alimentar o processo que converte dióxido de carbono e água em amido e açúcar e permite à árvore crescer; mas, no final do verão, à medida que os dias ficam mais curtos e a temperatura cai, as árvores decíduas param de fabricar alimento. Na ausência de luz solar, torna-se muito custoso manter a máquina de crescimento. A clorofila começa a se decompor, revelando outras cores que sempre estiveram presentes na folha, mas que eram mascaradas pela abundância do pigmento verde: laranja e amarelo, derivados do caroteno e da xantofila. Outras mudanças químicas ocorrem para criar pigmentos de antocianina vermelhos. A mistura exata é diferente para cada árvore, às vezes produzindo amarelos, laranjas e marrons quentes e, às vezes, exibindo vermelhos ou roxos.

No entanto, enquanto isso acontece, uma camada de células se enfraquece entre o tronco e o ramo: isso é chamado de zona de abscisão. Aos poucos, ela corta o fornecimento de água da folha, que seca, fica marrom e, na maioria dos casos, cai, seja por seu próprio peso ou estimulada por chuvas e ventos invernais. Em poucas horas, a árvore terá liberado substâncias para curar a cicatriz que a folha deixou, protegendo-se da evaporação da água, de infecções ou da invasão de parasitas.

Mesmo com as folhas caindo, os botões da florada do próximo ano já estão no lugar, esperando para irromper de novo na primavera. A maioria das árvores produz seus botões no pico do verão, e a queda das folhas no outono os revela, nítidos e esperançosos, protegidos do frio por escamas grossas. Raramente os notamos, porque pensamos que estamos vendo o esqueleto da árvore, uma coisa morta até que o sol volte; porém, quando se olha bem, é possível ver que cada árvore está repleta de botões, desde as garras afiadas da faia até os botões pretos em forma de casco do freixo. Muitas árvores também exibem amentilhos no inverno, como as caudas de cordeiro verde-ácido da aveleira e as protuberâncias cinzentas peludas do salgueiro. Eles usam o vento ou os insetos para espalhar o pólen, prontos para o novo ano. A árvore está esperando. Tem tudo pronto. As folhas caídas cobrem o solo da floresta e as raízes absorvem a umidade extra do inverno, o que oferece uma âncora firme contra tempestades sazonais. Os cones e nozes maduros estão fornecendo alimento essencial nesse tempo de escassez para camundongos e esquilos, e a casca hospeda insetos que hibernam e dá uma fonte de alimento para cervos famintos. Longe de estar morta, na verdade, ela é a vida e a alma da floresta. É só que tudo está acontecendo em silêncio. Não vai ganhar vida na primavera; apenas vestirá um novo casaco e enfrentará o mundo de novo.

A dureza e a rigidez do inverno podem revelar cores que, de outra forma, não conseguiríamos ver. Certa vez, vi uma raposa cruzar um campo gelado, sua pelagem brilhando contra a escuridão. Caminhando na floresta desnuda de inverno, eu me vejo cercada por surpreendentes tons vermelhos-raposa: o castanho intenso da samambaia, suas folhas secas retorcidas em renda; as folhas em tons fortes de carmesim que restaram nas amoreiras; as últimas bagas das madressilvas e os cachos alaranjados da roseira. O icônico azevinho, com seus ramos completamente ceifados todo Natal. Há o amarelo-vivo do tojo nas charnecas, que continuará brilhando até a chegada da primavera, assim como as sempre-vivas imponentes e o emaranhado de folhas verdes que permanecem despercebidas no solo. A vida continua abundante no inverno, e as mudanças feitas nesse período nos conduzirão a glórias futuras.

Um hospital cria um tipo específico de inverno. Jenny Diski capta bem isso em *Skating to Antarctica*: as camadas de branco estéril que oferecem disciplina e conforto, muitas vezes ao mesmo tempo; a sensação de obliteração íntima. É um templo para certo tipo de fé, a confiança residual de que existe uma autoridade superior que conhece as respostas, que pode nos salvar. Imagino Shelly em sua enfermaria se recuperando de meningite, e não posso deixar de lembrar do livro *Ladybird* que eu tinha quando criança, cheio de enfermeiras em vestidos branquíssimos e engomados, e pacientes alegres em pijamas listrados, aconchegados com segurança embaixo de cobertores vermelhos. O chão polido até parece um espelho d'água se estendendo por quilômetros de corredor, com o cheiro persistente de desinfetante. Os quartos de hospital nos conduzem a outro estado de ser, onde somos dóceis, passivos, desamparados — e tudo isso por vontade própria. Caímos com facilidade em uma hierarquia à qual resistiríamos em qualquer outra situação. Passaremos por quaisquer transformações que a instituição exigir de nós. Não vamos criar alarde. Seremos bonzinhos. Faremos o que nos mandarem fazer.

O universo ordeiro do hospital nos ajuda a formar nossa própria zona de abscisão, esse endurecimento de uma velha vida, pronta para abandonar os deveres e as expectativas. Passei por tudo o que pude aguentar nas últimas semanas. Na missão de encontrar a fonte da minha dor abdominal, passei por testes e procedimentos que envolvem jejum e doses extremas de laxantes, investigações dolorosas e indignas. Ando ouvindo insinuações de que devo me preparar para o pior e não sei o que me assusta mais: a possibilidade de um diagnóstico de risco de vida ou o retorno sem nada além de vergonha da minha própria capacidade de fingir uma doença.

Por fim, me encontro em um quarto com uma enfermeira de aparência cansada que me diz que tenho os intestinos de uma pessoa de setenta anos de idade particularmente negligente. Dentro de mim, tenho um labirinto de espasmos e inflamações, um país das maravilhas da má absorção. É um diagnóstico estranho de processar: nada tão ruim quanto eu temia, mas uma mudança de vida, de qualquer forma. Não vai desaparecer do nada; vai se inflamar e repetir, exigindo manutenção cuidadosa e vigilância eterna. Eu me pego protestando sobre como me alimento de forma consciente, como cozinho do zero e bebo litros de água. Não mencionei os martínis noturnos e os almoços da cantina devorados durante reuniões improvisadas ou no carro para casa. Agora sou uma personagem renovada: quero poder aproveitar a glória da recuperação da beira do precipício, em vez de ainda oscilar no limite, não importa o que eu faça.

Fui enviada a um nutricionista, que me deu regras novas e simples de alimentação, às quais reajo com má vontade. Recebo instruções para uma dieta pobre em fibras, apenas por uma semana, e de alguma forma consigo fazer parecer que nunca ouvi falar de carboidratos brancos e não consigo viver sem uma porção diária de lentilhas e couve. "É só por alguns dias", diz o nutricionista, perplexo. "Não é para sempre."

E não é. Na verdade, é surpreendentemente rápido e ligeiramente luxuoso. Passo três dias comendo arroz frito com ovo e espaguete com manteiga, torrada branca e sanduíches de Marmite* e bacon. É a dieta mais contraintuitiva que já fiz, e me enche de culpa, mas também me faz sentir melhor do que me sentia há meses. O efeito é quase instantâneo: a sensação bizarra de que posso me endireitar de novo, de que posso realmente digerir o que como, de que minha energia voltou.

---

* Marmite é um extrato de levedura, em forma de pasta, consumido no Reino Unido e difícil de ser encontrado no Brasil. É semelhante ao Vegemite consumido na Austrália.

Mais rápido do que esperava, aterrizo do outro lado da minha doença: com algumas cicatrizes de batalha, um pouco mais faminta e um tantinho mais sábia. Tenho falhas; vivo com restrições. Preciso mudar. Mas agora esses sacrifícios parecem fáceis de fazer, sabendo o que vão me proporcionar. Sinto como se também tivesse perdido algumas folhas: aqueles últimos resquícios de fé na minha robustez juvenil, quando podia fazer qualquer coisa, aguentar o que viesse e me recuperar. O inverno está me pedindo para ter mais cuidado com minhas energias e descansar um pouco até a primavera.

Sono

Posso adorar o ar livre no inverno, mas até eu traço o limite ao pôr do sol. Quando novembro chega, não tenho vontade de sair de casa depois de escurecer. Meu instinto é hibernar do entardecer até o dia seguinte. Odeio aquelas caminhadas estranhas ao longo das avenidas, iluminadas apenas pelos postes e o brilho das vitrines das lojas, o frio subindo pelas mangas do casaco. Não gosto de como as 16h podem ser tão desoladas, o ar úmido sem a força corretiva do sol. Falto na aula de ioga e estou relutante em me embrenhar noite adentro para algo tão insignificante quanto uma saidinha social para beber. Só pensar em dirigir parece um pesadelo — aquelas estradas impenetráveis, as margens incertas, a dança que você tem que executar com o farol alto, ligando e desligando, ligando e desligando. Muito melhor ficar em casa.

Não me importo de ficar em casa. Sei que, para muitas pessoas, parece uma restrição brutal da liberdade, mas me agrada por completo. O inverno é uma casa tranquila à luz de abajures, uma volta no jardim para ver estrelas brilhantes em uma noite clara, o rugido do fogão a lenha e o cheiro de madeira queimada que o acompanha. É aquecer o bule e fazer xícaras de chocolate quente amargo; são cozidos criados num passe de mágica com ossos e bolinhos flutuando como nuvens. É ler com calma e passar o lusco-fusco da tarde assistindo a filmes. São meias grossas e o aconchego de um casaco.

No verão, durmo em média seis ou sete horas por noite, mas no inverno são quase nove. Assim que o sol se põe, começo a pensar em ir para a cama. Dormir cedo é um hábito herdado do lado materno; nenhum de nós é adepto dos corujões, mas também não somos exatamente cotovias. Todos *precisamos* dormir. Passei por fases distintas na minha atitude em relação a isso: quando criança, achava muito bom que meus avós se recolhiam no mesmo horário que eu; quando era uma jovem adulta, achei que era divertidamente monótono. À medida que fui ficando mais velha, cheguei à conclusão de que minha própria necessidade de dormir era cada vez mais inconveniente e sonhava em desbloquear o tempo extra que, digamos, uma noite de cinco horas traria. Me tornar mãe me curou disso. Algumas pessoas se dão muito bem com um pouco de privação de sono, mas eu não. Agora sei que posso realizar muito mais depois de nove horas de sono do que no tempo livre proporcionado por uma noite reduzida. Dormir é minha sanidade, meu luxo, meu vício. Tenho quase certeza de que minha decisão de não ter um segundo filho veio inteiramente da minha adoração pelo sono.

E as noites de inverno são as melhores. Gosto do meu edredom grosso e do meu quarto frio, para que eu tenha um calafrio para me aconchegar. Ao contrário daquelas péssimas noites agitadas de verão, quando o quarto parece sempre próximo demais para permitir aquela queda final no esquecimento, as noites frias de inverno me proporcionam um sono profundo e longos sonhos mágicos. Quando acordo no meio da noite, a escuridão parece mais profunda e aveludada do que de costume, quase infinita. O inverno é uma estação que me convida a descansar bem e me sentir restaurada, momento em que posso me recolher e me isolar em silêncio.

No entanto, nas últimas semanas, minha feliz hibernação foi interrompida. Passei a chamá-las de "as terríveis três": as horas sombrias de insônia quando minha mente se manifesta, totalmente ligada, no meio da noite. Sempre acontece às 3h: já tarde demais, porém muito cedo para me render e começar o dia. Ali, na mais verdadeira noite, fico deitada no escuro e na catástrofe. Esta noite acordo de um sonho em que fui colocada dentro de um homem de palha gigante, prestes a queimar*. É uma fantasia sinistra, tão gótica em sua sensação de perseguição que me pego rindo dela no silêncio. Que boba eu sou, por sonhar coisas tão óbvias e depois acordar com o coração batendo forte e a garganta apertada. Ainda assim, isso me impede de voltar a dormir. Esse clichê produziu um efeito físico muito real. Estou alerta à sua ameaça. Eu me remexo nos travesseiros, vigilante.

Viro de lado, afofo os travesseiros, tomo um gole d'água da garrafa que sempre deixo do meu lado. A noite avança devagar. Eu poderia fazer da preocupação um ofício, se ao menos alguém me pagasse. O que me preocupa durante essas longas noites? Dinheiro. Morte. Fracasso. Os cavaleiros familiares daqueles apocalipses silenciosos que acontecem apenas quando o sol se põe. No meio da noite, posso me preocupar com minha casa na beira de um penhasco, eternamente prestes a tombar nas rochas abaixo. Estou apenas a um salário perdido de distância da aniquilação total. Tenho muitas dívidas. Não tenho nenhuma posse. Devo muito. Um dia, o teto do quarto vai desabar com o peso de todo o lixo que tenho no sótão. O

---

* Possível referência às estátuas humanas feitas de palha (ou vime) utilizadas em rituais pagãos célticos. O filme *The Wicker Man* (conhecido, no Brasil, como *O Homem de Palha*), lançado em 1973, é um clássico do horror britânico.

aquecimento central faz um barulho estranho a essa hora da madrugada, e posso jurar que a bomba está nas últimas. Deveria acordar H para ele ouvir também e ver se concorda. Pode estar cuspindo gás carbônico no quarto enquanto estamos deitados aqui, sem perceber. Famílias inteiras morrem desse jeito — em silêncio, à noite. Depois da apendicite de H, acho difícil afastar a sensação de que poderia perdê-lo um dia. Como tudo poderia ser repentino. E o que eu faria então? Não tenho nada para mostrar nos meus 40 e poucos anos nesta terra, exceto por uma pilha de livros empoeirados.

Contudo, aqui estou, chegando cada vez mais perto do abismo, jogando fora os alicerces seguros ao deixar um emprego estável. À luz do dia, consigo justificar o estresse responsável pela decisão de deixar uma situação sensata — a lenta invasão que corroeu minha vida familiar. Mas isso é durante o dia, quando valorizo coisas como calma e liberdade. No escuro, sou acometida por um surto indigesto de conservadorismo. Eu deveria ter uma poupança contendo um ano de salário, um seguro de vida adequado. Desperdicei alguma coisa, de alguma forma; não sei ao certo o quê, ou quando, mas me desprezo por isso. A precariedade da situação me atinge com força — posso sentir seus dentes no estômago. Não sou nada, nem ninguém. Falhei.

O ego se inflama como um fósforo aceso: brilhante, azul, fugaz. Fico grata por estar sozinha quando isso acontece, por deixá-lo queimar e se extinguir no privado. Às vezes, devemos ser gratos pela solidão da noite, do inverno. Eles nos salvam de mostrar o que temos de pior para o mundo desperto.

Eu me viro de novo, ajusto as cobertas e bebo mais água. Dois uísques, bebidos tarde da noite e em desolação, anunciam sua presença nas minhas têmporas. Já devia saber disso, mas sempre vou lá e deixo as coisas piores. Não vou dormir agora; tentar é uma missão tola. Posso sentir meu coração batendo sob o edredom, a respiração falhando em encher meus pulmões. Sento-me na beira da cama e, com os pés frios, encontro meus chinelos. Esfrego os olhos, tateio em busca dos óculos. Desço as escadas na ponta dos pés para encontrar meu caderno.

Hazel Ryan abre uma caixa de madeira e caça entre as aparas e a palha. "É isso", diz, "aqui está ela." Ela mergulha a mão e puxa uma bola de pelo amarelo do tamanho de uma noz: um arganaz em hibernação. É redondo e compacto, com seus minúsculos pés rosados enfiados na barriga, as orelhas pressionadas para trás e a cauda de ponta preta dobrada sobre a cabeça, como se para botar todo o arranjo no lugar. Hazel coloca o arganaz na palma da minha mão, e ele rola como uma bola de gude. É mais leve que o ar e surpreendentemente frio, mas também macio e meio fofinho. Não dá para confundi-lo com um animal morto. Está num sono profundo, cochilando até o verão.

Apenas três mamíferos nativos hibernam no Reino Unido: morcegos, ouriços e arganazes. Outras espécies, como sapos e texugos, entram em estado de torpor nos dias frios, baixando a temperatura corporal e diminuindo a respiração e os batimentos cardíacos para conservar energia por pouco tempo. Mas a verdadeira hibernação — quando esse resfriamento e desaceleração ocorrem por longos períodos de tempo e não respondem à temperatura externa ou à disponibilidade imediata de comida — é relativamente rara.

O arganaz não trabalha com um cronograma rígido; sua hibernação depende do clima. Eles passam o início do outono acumulando reservas de gordura marrom líquida que os tornam moles ao toque. Como Hazel me mostra, dá para deixar impressões digitais num arganaz em hibernação, de tão fluida que é a camada de gordura sob a pele. Esse é um armazenamento de energia de fácil acesso para que sobrevivam aos longos meses que virão. Então, de setembro em diante, eles se empanturram de frutos encontrados em sebes selvagens, como amoras, avelãs e castanhas, em uma tentativa de dobrar seu peso corporal de cerca de quinze gramas para robustos quase quarenta. Eles têm que fazer isso rápido, a uma taxa de cerca de um grama por dia. Em tempos de abundância, podem se tornar obesos. Em tempos de escassez, tentarão atrasar a hibernação até que estejam gordos o suficiente para sobreviver.

Mas, quando chegam as primeiras geadas, eles precisam estar prontos. Os arganazes têm uma superfície corporal grande em relação ao volume, o que significa que podem perder calor muito depressa. Nos últimos dias antes da hibernação, constroem seu ninho, uma bola compacta de musgo, casca de árvore e folhas. No verão, vivem em árvores, mas a flutuação de temperatura lá no alto é muito grande, então seus ninhos de hibernação são construídos em depressões no solo, talvez ao redor das raízes de uma árvore. Seu objetivo é criar um ambiente que colete chuva e orvalho, para que o ninho permaneça úmido durante o inverno. Isso parece longe de ser aconchegante para a mente humana, mas, para os arganazes, é um elemento essencial de sobrevivência: eles são tão pequenos que, sem umidade externa, desidratariam durante seu longo sono.

Após encontrarem o local certo, eles se enrolam no ninho e fecham a abertura. "Se você não consegue encontrar uma porta", diz Hazel, "há um arganaz nela." Eles tendem a hibernar individualmente, mas um estudo recente de rastreamento por rádio encontrou algumas evidências de compartilhamento de ninhos. Isso pode acontecer quando há menos habitat para escolherem. O arganaz vai procurar o ambiente perfeito e, se não houver muitos locais disponíveis, isso pode forçá-los a compartilhá-los — em cativeiro, o compartilhamento se torna mais comum.

Em segurança no ninho de hibernação, os arganazes baixam sua temperatura corporal para a do ambiente, que em geral é de 5°C ou menos. Para hibernar com eficiência, devem estar um pouco acima do ponto de congelamento. Se aquecerem a 6°C, sua taxa metabólica aumenta e eles começam a queimar gordura; abaixo de zero, eles também precisam recorrer às suas reservas de gordura para evitar o congelamento. Se conseguirem atingir a temperatura certa, hibernarão de outubro a maio, diminuindo sua taxa metabólica, respirando bem devagar e equiparando a própria temperatura com a do mundo exterior até os primeiros dias de verão, quando há insetos suficientes para se alimentarem de novo. Mesmo depois de acordarem, cairão em períodos de torpor quando o alimento for escasso — por exemplo, quando estiver chovendo ou durante o "intervalo de fome" entre suas culturas preferidas. O arganaz passa mais tempo em hibernação do que acordado.

Sempre imaginei a hibernação como um sono longo e monótono, mas Hazel me disse que, na verdade, os arganazes acordam a cada dez dias, permanecendo em seus ninhos, mas voltando a acelerar o metabolismo por um curto período de tempo. Acredita-se que isso permite que seus rins eliminem as toxinas e também fornece uma oportunidade importante para verificar se o ninho ainda está seguro. Hazel é a conservacionista sênior do Wildwood Trust, em Kent, e os arganazes que cuida costumam estar abaixo do peso à medida que avançam para o inverno. Frequentemente, são de ninhadas órfãs ou não cronometraram bem as estações do ano. Outros foram desenterrados por acidente de seus ninhos. Por estarem em maior risco de não sobreviverem à hibernação, são retirados de suas camas aconchegantes em intervalos regulares para serem pesados, e é isso que estou testemunhando agora. Adoraria dizer que estou ajudando, mas acho que estou apenas atrapalhando e achando tudo muito fofo.

É difícil pensar em algo mais bonitinho do que um arganaz: minúsculo, macio e sonolento, eles parecem vir prontos para atrair a adoração humana. Também são extremamente vulneráveis: a população de arganazes castanhos vem diminuindo há algum tempo e agora eles são considerados uma espécie em perigo de extinção. O mundo mudou e os arganazes foram deixados para trás. As estações estão se transformando, sebes e habitats florestais sendo perdidos e suas fontes de alimento desaparecendo. Os arganazes podem ser muito frágeis para sobreviver no mundo industrializado, mas, por enquanto, permanecem um ícone da indolência.

Desço as escadas e, às 4h, me ponho a trabalhar. Parecia um ato de loucura me levantar no meio da noite, mas, com uma xícara de chá quente na mão, vejo isso mais como um desejo de sanidade. Agora que estou de pé, meus pensamentos se acomodam feito flocos em um globo de neve. Tudo volta à perspectiva. Limpo a superfície da mesa e crio uma poça de luz com a luminária. Vou buscar fósforos e acendo uma vela. Uma luz é estável e segura; a outra, incerta e bruxuleante. Abro o caderno e trabalho entre esses dois polos. Em suma, é onde prefiro estar: em algum lugar no meio. A certeza é um espaço morto, no qual não há mais para onde crescer. Oscilar é doloroso. Estou feliz por viajar entre os dois.

Assim que abandono a luta para voltar a dormir e reivindico minha vigília, posso encontrar um amor oblíquo por essa parte da noite, o quase amanhecer. Como a única pessoa acordada, me deleito em um espaço em que posso beber o silêncio. É um momento pouco exigente no ciclo de 24 horas. Ninguém espera que você verifique mensagens ou e-mails, e os *feeds* das mídias sociais ficam silenciosos. Em um mundo onde é difícil se sentir sozinho, isso finalmente representa solidão. Até as gatas sabem que é muito cedo para pedir comida. Elas levantam uma orelha quando passo e então voltam a se enrolar em bolinhas.

Este é um momento em que poucas atividades parecem adequadas. O que mais faço a essa hora é ler, examinando a pilha de livros que fica ao lado da minha cadeira favorita, à espera para oferecer fragmentos de aprendizagem, em vez de convidar para uma pesquisa que vá da primeira à última página. Folheio um capítulo aqui, um segmento ali, ou procuro em um índice um assunto que está na minha mente. Amo essa leitura exploratória solta. Pelo menos uma vez, não estou lendo para escapar; em vez disso, já tendo feito minha fuga, sou capaz de vagar pelo espaço extra que encontrei, tão inquieta e impaciente quanto quiser, deleitando-me com o jogo da minha própria absorção. Dizem que devemos dançar como se ninguém estivesse olhando; acho que isso também se aplica à leitura.

As horas mais escuras também são para escrever: o arranhar e o fluxo da caneta em um bom papel, as cadeias gaguejantes de palavras que se expandem para preencher páginas e páginas. Às vezes, escrever é uma corrida contra a própria mente, enquanto a mão trabalha para acompanhar a maré de pensamentos, e sinto isso com mais intensidade à noite, quando não há demandas concorrentes pela minha atenção. Esse estado ligeiramente sonolento e atordoado corrói as barreiras do meu cérebro desperto. Meus sonhos ainda estão presentes, como uma dimensão extra à minha percepção. Mas, em essência, meu eu sensato diurno, mandão e arrogante, ainda dorme. Sem seu olho vigilante, posso ver diferentes futuros e dar saltos criativos. Posso confessar todos os meus pecados em um pedaço de papel sem ninguém para censurá-los.

Se o despertar noturno parece elementar para mim, talvez seja porque já foi um componente normal do sono humano, apenas recentemente esquecido. Em *At Day's Close: Night in Times Past*, o historiador A. Roger Ekirch afirma que, antes da Revolução Industrial, era normal dividir a noite em dois períodos: o "primeiro sono", ou "sono morto", que durava do entardecer até as primeiras horas da manhã; e o "segundo sono", ou "sono matinal", que levava o adormecido com segurança ao raiar do dia. Entre um e outro, havia uma hora ou mais de tempo desperto conhecido como "vigília", na qual "As famílias se levantavam para urinar, fumar tabaco e até mesmo visitar vizinhos próximos. Muitos outros faziam amor, oravam e... refletiam sobre seus sonhos, uma fonte significativa de consolo e autoconsciência". Na intimidade da escuridão, famílias e amantes podiam ter conversas profundas, ricas e errantes que não tinham lugar durante o dia agitado.

Essa era uma função dos tempos em que a noite realmente era escura, quando os pobres iam dormir cedo para economizar o preço das velas, e mesmo os ricos tinham a opção de fazer suas tarefas com dificuldade na pouca luz ou se render ao sono. Do lado de fora, as ruas costumavam estar com as luzes apagadas, então o único espaço navegável era dentro de casa.

Esse era um momento tão comum, e talvez também tão privado do dia, que pouco se escreveu sobre ele. Ekirch recolhe uma série de referências passageiras ao primeiro e segundo sono em diários, cartas e literatura, mas essa prática antiga é quase invisível ao olhar contemporâneo. Um estudo de 1996 realizado por Thomas Wehr e seus colegas tentou reproduzir as condições do sono de inverno em tempos pré-históricos, privando os sujeitos de luz artificial por quatorze horas todas as noites e observando o que acontecia com seus padrões de sono. Depois de várias semanas, os participantes caíram em um padrão de ficarem acordados na cama por duas horas antes de dormir por cerca de quatro. Eles então acordavam e desfrutavam de duas ou três horas caracterizadas como contemplativas e repousantes, e então dormiam mais quatro horas até a manhã. O mais interessante de tudo é que Wehr observou que a vigília da meia-noite estava longe de ser um período de ansiedade para os participantes da pesquisa. As pessoas pareciam calmas e reflexivas nesses momentos, e os exames de sangue revelaram níveis elevados de prolactina, o hormônio que estimula a produção do leite materno em mães que estão amamentando. Na maioria dos homens e mulheres, os níveis de prolactina tendem a ser baixos, mas o relógio parecia ter "uma endocrinologia própria", que Wehr comparou a um estado alterado de consciência semelhante à meditação.

Nessa fronteira entre vigília e sono, nossos ancestrais podem ter experimentado um estado de ser diferente de qualquer um que conhecemos, ou de qualquer um que *possamos* vir a conhecer, a menos que recusemos a intrusão da luz artificial. Talvez minha insônia não seja causada apenas pela ansiedade em relação ao futuro. No século XXI, somos inundados por luz, não apenas dos lustres e lâmpadas que deliberadamente iluminam nossas casas à noite, mas também das legiões cada vez maiores de dispositivos eletrônicos que piscam, pulsam e brilham para nos dizer que estão fazendo algo. A luz hoje pode parecer uma intrusa, carregando consigo uma unidade de informação ou uma obrigação.

Mesmo deixado sozinho no aparador, meu celular é uma criatura inquieta, periodicamente ganhando vida para anunciar uma nova mensagem, uma atualização ou um lembrete de algo que eu estava tentando esquecer. Passei anos procurando um despertador que me permitisse verificar as horas sem lançar luz no quarto, mas agora desisti. O relógio digital de LED me deixava acordada com seu brilho verde; o relógio tradicional com ponteiros luminosos se revelou impossível de ler; o relógio "noturno" acendia apenas quando eu apertava um botão e parecia queimar meus olhos no meio da noite, deixando fantasmas azuis misteriosos atrás das minhas pálpebras quando eu tentava voltar a dormir. Acrescente a isso televisão (sim, sou uma daquelas pecadoras que adora dormir na companhia de um programa de comédia), com sua luz vermelha penetrante de *standby* que parece impossível de ser desativada, e os vizinhos dos fundos, que acham necessário iluminar o quintal com holofotes todas as noites. A luz é inevitável. Na minha cidade, a prefeitura está aos poucos substituindo a velha lâmpada de sódio em tom laranja por lâmpadas LED novas e mais brilhantes. O escuro — e nossos medos que nele se escondem — é empurrado cada vez mais para longe, mas os moradores estão reclamando que não conseguem dormir e que a luz atravessa persianas *blackout* e cortinas forradas.

Não sobrou noite suficiente para nós. Perdemos nossos verdadeiros instintos para a escuridão, seu convite para passar algum tempo na proximidade de nossos sonhos. Nossos invernos pessoais são muito frequentemente acompanhados de insônia: talvez sejamos atraídos para esse espaço único de intimidade e contemplação, escuridão e silêncio, sem saber de verdade o que estamos procurando. No final, talvez estejamos sendo encorajados a buscar nosso próprio conforto.

O sono não é um espaço morto, mas uma porta para um tipo diferente de consciência — uma que é reflexiva e restauradora, cheia de pensamentos tangenciais e percepções inesperadas. No inverno, somos convidados a um modo particular de sono: não as oito horas regulamentadas, mas um processo lento e ambulatorial no qual os pensamentos despertos se fundem com os sonhos, e um espaço é criado nas horas mais sombrias para reparar as narrativas fragmentadas de nossos dias.

No entanto, estamos afastando essa habilidade inata que temos de digerir as partes difíceis da vida. Meus próprios terrores noturnos desaparecem quando transformo a insônia em uma vigília: um espaço sagrado reivindicado no qual não tenho nada para fazer a não ser contemplar. Aqui, me é oferecido um lugar intermediário, como encontrar uma porta escondida, o material do que os sonhos são feitos. Até mesmo os arganazes sabem como fazê-lo: eles acordam um pouco e cuidam de suas tarefas antes de se renderem mais uma vez ao sono.

De novo e de novo, descobrimos que o inverno nos oferece espaços liminares para habitar. Mesmo assim, nós os recusamos. O trabalho da estação fria é aprender a acolhê-los.

Dezembro

Katherine May *inverno da alma*

Luz

É a meia-noite do ano, e é a do dia,
De Luzia, que apenas por escassas sete horas se desmascara;

O sol se exauriu, e agora seus frascos
Irradiam faíscas de luz, não raios constantes;
Toda a seiva do mundo se esvaiu;

O bálsamo universal que a terra hidrópica sorveu,
Para onde, como para os pés da cama, a vida se recolhe,
Morta e enterrada; no entanto, tudo parece rir,
Comparado comigo, que sou seu epitáfio.

O poema de John Donne "Um noturno sobre o dia de Santa Luzia" é talvez a leitura perfeita para os que são tocados pela estação. Uma balada de amor cheia de angústia para uma amada falecida, que ressoa com uma espécie de melancolia invernal. Os poemas de Donne são notoriamente difíceis de datar, mas este costuma ser visto como uma resposta à morte de sua esposa,

Anne, em 1617, após o nascimento de seu décimo segundo filho. É, com certeza, um poema de total desolação, pois o eu-lírico se imagina esgotado por completo e incapaz de se recuperar da perda: "Mas não sou nada, e nem meu sol se renovará". Este é também um poema de intensa intimidade, onde "a meia-noite profunda do dia" traz uma espécie de comunhão com a parceira perdida, e no qual somos convidados a compartilhar um vislumbre de momentos de sua união que outros podem procurar esconder e que muitos de nós não esperariam sentir falta:

> (...) *Tantas vezes, uma enxurrada de lágrimas*
> *Nós dois choramos, e assim*
> *Afogamos o mundo inteiro, nós dois; tantas vezes*
> *Tornamo-nos dois caos, quando mostramos*
> *Interesse por outras coisas; e tantas vezes as ausências*
> *Recolheram nossas almas, e fizeram de nós carcaças.*

Aqui o amor é um meio de transformação, criando "uma quintessência mesmo que do nada", mas, após a morte, possui o mesmo poder de transformação reverso, deixando o eu-lírico "recriado/ De ausência, escuridão, morte: coisas que não são". No entanto, de alguma forma, em meio a toda essa escuridão, há indícios de otimismo. O amor tem tamanho poder que parece valer a pena a dor de seu fim. E, na estrofe final, encontramos Donne se dirigindo à próxima geração de jovens amantes, para quem o sol menor "correu para a cabra/ a fim de buscar nova luxúria". O ciclo de vida continua; o amor se renova. "Aproveite todo o verão", diz ele, em preparação para sua "Meia-noite profunda, tanto do ano, como do dia."

A escolha do dia de Santa Luzia aqui é significativa. Nos dias atuais, muitos países do norte da Europa marcam sua festa em 13 de dezembro, porém, na época de Donne, era celebrada no solstício de inverno, o dia mais curto do ano, em meio à escuridão opressora. Marcava o início da Quadra Natalícia, e então, como agora, a experiência do luto certamente deve ter sido intensificada em tempos de humores elevados, quando aqueles que estão de luto podem se sentir mais isolados.

A própria Santa Luzia tem um peso simbólico. Seu nome é associado à palavra latina para luz (*lux*, ou *lucis*, no plural), e uma história comum é que, durante a "Grande Perseguição" dos cristãos pelos imperadores romanos politeístas, ela foi uma mártir que levava comida para aqueles que se escondiam nas catacumbas de Roma. Para manter as mãos livres para seus deveres, usava uma coroa de velas que iluminava seu caminho na escuridão. Essa história ainda é representada em várias igrejas nórdicas, quando o culto anual a Sankta Lucia envolve uma jovem de vestido branco, faixa vermelha na cintura e coroa de velas liderando uma procissão de mulheres e meninas.

A história alternativa de Santa Luzia é ainda mais sombria. Essa Luzia era uma jovem siciliana do século III d.C., que se recusou a renunciar à virgindade ao se casar com um nobre pagão, pois tinha se consagrado a Deus. Seu futuro marido a denunciou às autoridades romanas por ser cristã, e estas, por sua vez, ameaçaram mandá-la para um bordel se não renunciasse à sua fé. Luzia recusou e, quando as autoridades tentaram levá-la à força para o bordel, descobriram que não era possível movê-la. Depois, quando nem mesmo uma parelha de bois conseguiu arrastá-la um centímetro, eles empilharam gravetos ao redor dela e a queimaram. Porém, nada poderia extinguir a voz de Luzia, que ecoava através das chamas, proclamando sua fé. Um soldado enfiou uma lança em sua garganta para detê-la, mas mesmo assim as palavras saíam. Versões posteriores da história dizem que seus olhos também foram arrancados; outra diz que ela mesma os arrancou depois de terem sido admirados por um pretendente. Luzia é um símbolo de fé e pureza absolutas, mas os pecados pelos quais sofre não são seus. Em vez disso, ela carrega o peso do olhar masculino e é destruída por ele. Então, Luzia habita na escuridão das catacumbas ou da cegueira; ela traz a luz da pira do mártir ou a de uma coroa de velas. No poema de Donne, ela é quase certamente um símbolo do sacrifício feminino por amor, mas também uma figura de proa para aquele momento mais escuro, quando ainda resta um pouco de luz.

A Svenska Kyrkan, em Marylebone, Londres, está repleta de famílias. As crianças comem fatias de maçã e sanduíches em potes de plástico e ficam de pé nos bancos para ver melhor. Os mais novos ficam inquietos no colo de pais constrangidos, e os bebês esticam os bracinhos para serem transferidos do avô para a avó, do pai para a tia. Alguns usam coroas de velas a pilha. A criança ao meu lado está tirando metodicamente as luzes da dele e jogando-as no chão. Hoje, a igreja é seu domínio, e eles sabem disso. Estão esperando um momento de magia e sentem-se animados demais para ficarem parados. A congregação reunida de expatriados suecos os olham com indulgência, inclinam-se entre as fileiras para fofocar e tiram selfies para enviar ao seu país natal.

Estou sentada em uma igreja desconhecida em uma tarde de sábado, às vésperas do Natal. Sinto-me grata por estar aqui. Isso me dá algo para fazer e um lugar para estar. Ontem fui à universidade onde trabalhei nos últimos cinco anos e esvaziei minha sala. O período de aviso prévio havia chegado ao fim; meu último semestre, encerrado. Guardei meus livros em caixas, duas estantes deles, a maioria tomos acadêmicos contendo posicionamentos teóricos que suspeito que eu nunca vá precisar adotar de novo. Se tivesse bom senso, teria deixado os livros no corredor e pendurado uma plaquinha neles, dizendo "Me levem". Em vez disso, guardei-os com cuidado e em segurança, querendo mantê-los intactos. Eles estão na minha sala agora, empilhados em caixas enquanto espero para descobrir como será minha nova vida.

Aqui estou, uma intrusa, sentada sozinha no canto da igreja em meio a um mar de famílias, sentindo-me notavelmente inglesa e visivelmente uma turista. Se soubesse que seria um evento multigeracional, teria trazido meu próprio filho inquieto comigo, pelo menos para me misturar. Essa é a cerimônia anual de Sankta Lucia, tão popular que agora é necessário pagar para entrar, e ela é realizada em várias datas em meados de dezembro. Tento não parecer muito fascinada com as partes da experiência que são tão exoticamente suecas para mim: as fileiras de saltérios marcadas com *psalmboken*; o mar de cabeças loiras. Do lado de fora, as pessoas estão esperando enquanto comem sanduíches abertos. Mesmo sentada na nave, o cheiro de cardamomo e canela — esses ingredientes básicos da panificação sueca — exala do porão e, junto com ele, a promessa de *fika* — café e pãezinhos — após o serviço religioso.

Quando o padre se levanta, há um "chiu" em coro, dedos apontando assentos e uma série de olhares significativos se espalhando pela igreja. Por um breve momento, ficamos em silêncio. Um homem calmo e paternal diante de nós diz em sueco e depois em inglês: "Temos alguma criança aqui hoje?". O barulho aumenta mais uma vez. Mãos se levantam. Ele sorri. "Bem, vou dar meu melhor para ajudá-los a entender do que tudo isso se trata."

Ele aponta para as velas no altar, acende uma terceira em sua mão e conta uma versão cuidadosamente higienizada da vida de Sankta Lucia, que fez sacrifícios por sua fé em Deus.

O martírio de Luzia não é seu objetivo hoje; em vez disso, ele quer que pensemos sobre os gestos simples pelos quais podemos trazer luz ao mundo. "Cada um de nós é uma vela acesa", diz ele.

Continuamos sentados para cantar dois hinos curtos e tento me juntar a eles, sentindo como se meu disfarce tivesse sido descoberto. Minha ignorância da pronúncia sueca parece fazer minha voz ressoar contra a melodia geral, embora eu esteja cantando em um sussurro. Apesar disso, por sorte as canções são curtas e com ritmo razoável, e logo estamos dobrando nossos folhetos da missa de novo, com uma sensação crescente de expectativa.

Os sinos da igreja tocam e as luzes diminuem. As crianças sussurram: "Lucia". Mais pedidos de silêncio e depois o canto reinicia, fantasmagórico na escuridão. As cabeças se viram e um mar de celulares se acende para assistir ao espetáculo. E logo chega a hora: primeiro, a mestra do coro andando de costas, regendo. Em seguida, caminhando pelo corredor, Sankta Lucia. Está usando uma coroa de velas — de verdade, brilhantes — e um longo vestido branco com uma faixa vermelha para simbolizar seu martírio. Atrás dela vêm quatorze aias, vestidas do mesmo branco, mas com coroas de louros ao redor das cabeças e velas nas mãos. Elas se agrupam em frente ao altar e continuam a cantar: *Stiger med tända ljus / Sankta Lucia, Sankta Lucia!*

Caminhando com velas acesas, Santa Luzia. A melodia é cadenciada como um órgão de carrossel, familiar, mas também profundamente diferente: a canção dos outros para o festival dos outros. Não sei como eu esperava que fosse a música sueca — parecida com ABBA? —, mas não é assim; em vez disso, é muito rica e operística. Talvez porque foi apropriada de uma canção napolitana tradicional, uma ode romântica ao Borgo

Santa Lucia, no Golfo de Nápoles, descrevendo os prazeres de uma noite tranquila velejando em mares calmos. Os países nórdicos parecem ter claramente emprestado o título e aplicado a uma Santa Luzia diferente. Nesta versão, somos transportados para uma noite escura na qual Sankta Lucia caminha pela casa com velas, devolvendo a luz ao mundo. Neste hino, Luzia não é uma mártir, morta de formas sangrentas e elaboradas enquanto declarava sua união com Deus. Ela é uma garota de branco que traz luz na hora mais sombria; ela é uma vela acesa.

O coro canta uma série de odes à Santa Luzia antes de terminar com "Noite Feliz". Elas voltam pelo corredor, e a música vai tendendo ao silêncio. O padre tenta um discurso final, mas não é páreo para Luzia. Todos estão conversando e vestindo casacos, prontos para os prometidos café e pãezinhos lá embaixo. De minha parte, sinto que meu tempo de turista nessa belíssima missa de Natal chegou ao fim. Ficar me denunciaria. Coloco algumas moedas na sacola de coleta e caminho para a tarde cinzenta de dezembro.

Ao descer as escadas para a estação Baker Street, percebo como fiquei edificada com Sankta Lucia, não apenas pela música e a luz suave, mas também por uma hora passada em um banco de igreja, sem nada para fazer além de ouvir e sorrir para uma ou outra criança inquieta. Isso me faz perceber que tenho evitado toda a sociedade, me esquivando em casa numa espécie de vergonha. Estou me afastando dos outros porque não sei o que o Ano-Novo irá trazer; estou com medo e não tenho a elegância de escondê-lo. Para preencher o tempo, andei ocupada fazendo nada, conferindo uma aparência externa de propósito, enquanto na verdade estou apenas passando telas no celular.

Apesar disso, ficar sentada quieta na igreja me fez bem. Meu trabalho era não fazer nada além de ouvir, sentir e contemplar, e foi uma libertação. Lembro-me muito bem das minhas próprias batalhas entediadas e inquietas na infância contra um banco de igreja, mas hoje, como adulta, ganhei algo novo: uma sensação bem-vinda de insignificância em meio a uma congregação de pessoas; uma suspensão da obrigação de fazer indefinidamente, mesmo que apenas por uma hora; uma trégua gentil comigo mesma.

Passei a maior parte desse tempo à beira das lágrimas. Eu não precisava fazer mais do que abrir aquele pequeno espaço para ver como tudo estava escuro. Santa Luzia não me curou; não dancei lá no corredor, tendo milagrosamente encontrado meu caminho. Mas ela trouxe um pouco de luz, apenas o suficiente para enxergar.

Solstício
de Inverno

O alarme do celular toca às quinze para as cinco. Saio de uma cama desconhecida e visto minhas roupas: colete térmico, ceroulas, jeans, camiseta, suéter. Meias de esqui debaixo de botas de caminhada. Tenho um casaco quente, um cachecol, luvas e um gorro já guardados no porta-malas do carro.

Encontro minha amiga na cozinha dela, fazendo um bule de chá. Bebemos em silêncio, preocupadas com o trânsito. Será que estamos saindo cedo o suficiente? É melhor irmos. Tiramos nossos respectivos filhos da cama e seguimos o ritual mais uma vez: meias, ceroulas, coletes, jeans, suéteres. Nós os envolvemos em cobertores e sussurramos para eles que podem dormir no carro, sabendo muito bem que não o farão.

Dirigimos em direção a Amesbury no breu, e as crianças vão ficando cada vez mais barulhentas no banco de trás do carro. Há um fluxo constante de tráfego em direção ao sudoeste da Inglaterra, embora eu estivesse esperando mais: um fluxo constante de peregrinos indo para Stonehenge, uma multidão de pessoas de todo o país, todos atraídos por esse ícone de adoração ancestral na manhã do solstício de inverno. Mas não encontramos mais carros entrando no local do que se encontraria em uma tarde normal. Acho que são 6h e está escuro lá fora. Ainda assim, esperava em segredo por algo um pouco mais anárquico, algo emocionante em contraste com meu senso insosso de agnosticismo de classe média.

Participei de uma festa de Natal na noite anterior e sempre que mencionava para onde íamos hoje, invariavelmente recebia uma risadinha nervosa ou sarcástica, um estalar de língua ou inspiração. *O solstício? Com os molambentos? O povo que abraça árvores? Os hippies? Os druidas?* Era claro que eu estava prestes a fazer algo um tanto embaraçoso: juntar-me à comemoração de um ponto invisível do ano na companhia da multidão da Nova Era, com seus rituais tolos e religião inventada. "Você não é um deles, é?", perguntou um homem.

Acredita-se que o icônico anel de pedras monolíticas que compõe Stonehenge tenha sido construído entre 4 e 5 mil anos atrás. Em sua maior parte, o círculo é composto de trílitos: duas pedras verticais com uma terceira pedra formando um lintel no topo. Fazem parte de um complexo mais amplo de monumentos do Neolítico e da Idade do Bronze na zona rural nos arredores de Wiltshire, que inclui várias centenas de túmulos na forma de pequenos montes. Com 4 m de altura, são uma visão impressionante na paisagem, e é claro que tinham significado ritual, embora a natureza exata desse ritual e dessa crença tenha sido perdida com o tempo.

Godofredo de Monmouth, escrevendo *Historia Regum Britanniae*, no século XII, acreditava que as pedras tinham propriedades curativas e sugeriu que tivessem sido trazidas para o local por Merlin e Uther Pendragon por instrução do rei Ambrósio Aureliano, que queria comemorar uma batalha contra os saxões. Ele afirmava que Stonehenge tinha sido originalmente construída na Irlanda por uma raça de gigantes, e observou que 15 mil cavaleiros não podiam mover as pedras, mas Merlin sim, usando sua astúcia particular.

No início do século XVIII, o antiquário William Stukeley analisou as marcas na terra circundantes e sugeriu que Stonehenge era de fato um local de adoração druida. Ele imaginou os rituais que aconteciam lá com base em escassas fontes históricas, romanas em sua maioria, que retratavam os druidas como selvagens místicos, ambos perturbadoramente exóticos e também fracos face a uma força militar organizada. Parece que Stukeley inventou tanto quanto revelou, mas criou uma sensação de fascínio pelo local e passou a se identificar como druida, chamando-se pelo nome Chyndonax, que acreditava ser druida. Stonehenge se tornou uma atração popular para os vitorianos, que o visitavam aos montes no solstício de verão para ver o sol nascer. Na época, os turistas recebiam um cinzel e eram incentivados a retirar pedaços do monumento para levar de lembrança.

Apesar de vários desmascaramentos acadêmicos da conexão druídica ao sítio, a associação pegou, e o século XX viu Stonehenge crescer como um local significativo para os druidas da atualidade e outros grupos pagãos, em uma época em que a sociedade em geral tem buscado cada vez mais proteger e preservar sua herança. Isso frequentemente leva a conflitos. O acesso às pedras foi restringido pela primeira vez em 1978, em meio a temores de erosão à medida que o número de visitantes aumentava. Em 1985, houve um confronto violento entre os peregrinos da Nova Era e a polícia, depois que o local foi fechado para as pessoas que pretendiam participar do evento anual de solstício de verão, o Stonehenge Free Festival. A "zona de exclusão" em torno das pedras continuou até 1999, quando os ativistas obtiveram uma decisão do Tribunal Europeu dos

Direitos Humanos, que confirmou Stonehenge como um local de culto e assegurou o direito de diversos grupos, incluindo espiritualistas, pagãos e druidas, de adorar lá. Assim que a proibição foi suspensa, o English Heritage pediu que as celebrações do solstício permanecessem pacíficas e respeitosas, e não houve relatos de problemas desde então.

Além de sua longa história, as pedras continuam a ter significado devido ao seu alinhamento astronômico. No solstício de verão de cada ano, o dia mais longo começa com o sol nascendo atrás da Pedra do Calcanhar e brilhando bem no centro do círculo. No solstício de inverno, o dia mais curto costumava terminar com o pôr do sol entre as duas pedras verticais do trílito mais alto do círculo. Ele não está mais de pé, então agora a celebração acontece na manhã seguinte, marcando o nascer do sol quando os dias finalmente começam a se alongar. É isso que viemos ver: o espetáculo do retorno da luz e a festa que o acompanha.

Não sei ao certo o que esperava encontrar aqui no solstício de inverno, mas a realidade com certeza é menos intensa. Fazemos fila no café English Heritage atrás de homens e mulheres alegres no final da meia-idade, muitos dos quais parecem ter acabado de sair da loja de roupas e artigos esportivos para o inverno, embora alguns estejam usando mantos. Um sujeito vestiu uma máscara de Homem Verde, as feições disfarçadas por uma pilha de folhas de carvalho feitas de náilon. Há um sentimento de lazer educado no ar. O café abasteceu as geladeiras com vinho de urtiga e hidromel, mas ninguém parece estar bebendo. Até parecia que estávamos fazendo fila na frente da barraca do Instituto das Mulheres na festa da aldeia local.

Peço pãezinhos de salsicha e chocolate quente para as crianças e nos sentamos do lado de fora na noite surpreendentemente amena, nos perguntando quando deveríamos seguir para o sítio arqueológico. Quando as crianças estão começando a perder a paciência, pegamos um ônibus com a placa "Para as pedras" e nossos colegas passageiros fazem um estardalhaço aconchegante de avós por causa das crianças. Em seguida, somos liberados para nosso primeiro vislumbre de Stonehenge, com o céu ganhando uma tonalidade azul-escura antes do nascer do sol.

Uma multidão já está circulando em volta das pedras, e com certeza não são do tipo de pessoas que frequenta as lojinhas de presentes do English Heritage; na verdade, parece mais o final amargo de um festival de rock, incluindo os obrigatórios policiais gentis e socorristas para lidar com casos de uso de drogas. Pergunto a uma policial se ela está esperando muito movimento, e ela me diz que é calmo no solstício de inverno; festas noite adentro são coisa mais do verão. Há pessoas de ponchos e capas; peregrinos da Nova Era com *dreadlocks*; mulheres em longos vestidos medievais; um homem em um traje espacial prateado, tocando uma escaleta melódica. A música flui de todos os lados: uma série de diferentes tambores, uma tigela tibetana para meditação, alguns acordes em um acordeão. Pessoas dançam ou ficam assistindo, paradas. Somos atingidos por um cavalo de pau, alguém vestido com anéis concêntricos envolto em trapos multicoloridos. Ele olha como se tivesse perdido seu fiel companheiro.

É uma mistura quase desconcertante de culturas, e me sinto estranha entre eles, apenas porque me falta sua exuberância. Algumas famílias se parecem muito conosco, um pouco envergonhadas em deselegantes roupas de inverno e sem saber ao certo como participar da celebração, ou se querem mesmo participar dela. Nosso instinto é repreender as crianças por chegarem muito perto das pedras, em vez de convidá-las a entrar em comunhão com elas. Somos intrusos aqui, mas não tenho certeza se sei o que isso significa neste contexto. Certamente não há sentido em não sermos bem-vindos, e a multidão é muito diversificada para que possamos chamar atenção de fato. Se apenas querer passar o solstício perto das pedras é motivo suficiente, então não somos intrusos de forma alguma. Eu só não sei como adorar dessa forma.

O objetivo aqui é o êxtase, e não do tipo que os socorristas estão monitorando. Algumas pessoas o buscam por meio do movimento e do som; outras estão caladas, de olhos fechados, tocando as pedras. Ser capaz de chegar perto dos trílitos, de tocá-los, de sentir verdadeiramente sua altura e volume, é um privilégio surpreendente, obtido ao mero custo de uma madrugada. Quando os vi antes, dos limites seguros do caminho turístico, eles sempre pareceram pequenos para mim, uniformes, até mesmo um pouco decepcionantes. Hoje, não são nenhuma dessas coisas; nem mesmo são cinzentos, mas verdes e amarelos com líquenes, cheios de fendas e saliências. É possível imaginá-los sendo cortados de uma pedreira, moldados, erguidos sobre a terra e posicionados exatamente assim por mãos humanas. É maravilhoso estar aqui, sentir seu cheiro úmido e ter uma noção de sua estrutura.

Vou serpenteando entre eles para o círculo interno, que agora está ficando cada vez mais lotado de pessoas vestidas de vermelho. Algo está para acontecer: dá para sentir a expectativa aumentando. Pelo meu relógio, acho que faltam dez minutos para o nascer do sol. O som dos tambores aumentou de volume, e uma fumaça flutua vinda de algum lugar. Reunimos as crianças e coloco Bert nos ombros para que ele veja. A pressão dos corpos ficou mais densa. O mais próximo que conseguimos chegar agora são nos blocos de arenito externos, e no meio, ouvimos canto. Quase consigo captar o ritmo, mas não as palavras. É emocionante mesmo assim. Sinto como se estivesse na beira de um templo, em vez de em um sítio arqueológico, mas a cena é caótica e um pouco inebriante. A batida aumenta e acelera, mãos frenéticas encontrando um ritmo, frases cantadas com cada vez mais fervor. Não consigo ver muito; duvido que alguém consiga. Não há uma cerimônia estruturada ou um folheto de hinos, nenhuma sensação de que todos devemos pensar as mesmas coisas ou até mesmo estar aqui pelos mesmos motivos. A gloriosa desordem me deixa um pouco confusa, mas principalmente exultante.

Em algum ponto indistinto, o cinza antes do amanhecer se transforma em um branco brilhante, e o sol nasce, embora quase invisível atrás de uma nuvem. Pessoas — sejam elas quem forem, de qualquer tribo — apertam as mãos, se abraçam e dizem: "Viramos o ano!". Nós também o fazemos, para perplexidade das crianças, que agora estão imersas em uma fantasia na qual as pedras são dragões e elas são seus guardiões. Não existe um momento claro de clímax. É a reminiscência de um orgasmo perdido — o acúmulo longo, intenso, a respiração suspensa, que dá em nada de especial. O significado é o mesmo, de qualquer maneira. A luz está voltando ao mundo, depois de meses de escuridão invasiva.

Fico perto do círculo por muito tempo, esperando que as nuvens se dissipem e eu consiga ver aquela bola dourada emoldurada por pedras monolíticas. Mas não é para ser. Caminhamos de volta ao centro de visitantes através dos montículos tumulares circundantes.

Há uma visão padrão sobre momentos como esse: os bons e velhos excêntricos ingleses, um pouco estúpidos e constrangedores, mas inofensivos, na verdade. Não estamos interessados, enquanto nação, em expressões de exuberância de massa, a menos que sejam relacionadas ao futebol. Somos desconfiados do uso de mantos, do desejo de rituais. Gostamos da nossa crença temperada com um caráter de certa culpa, um sinal de humildade. Os sermões devem nos aborrecer, orações devem ser murmuradas, o canto deve ser feito como uma obrigação sombria, na voz mais baixa possível, por pessoas que mantêm limites pessoais rígidos. A busca pelo êxtase não faz parte.

No dia seguinte, examino a cobertura de notícias para ver de que forma deveria ter interpretado tudo isso. Alguns jornais trazem fotos de pessoas grotescas e de aparência selvagem em trajes estranhos, abraçando pedras. A BBC se concentra em uma disputa de estacionamento que me passou totalmente batida. O *Daily Star* diz que todos nós "descemos" sobre Stonehenge, como se formássemos uma força de invasão em massa vinda do ar. O AccuWeather afirma que o nascer do sol invisível foi "espetacular". É difícil não pensar que todas as matérias foram escritas com antecedência e colocadas na internet sem muita reflexão, apenas para satisfazer leitores que vão emitir sons de desaprovação e balançar a cabeça com a estupidez desses esquisitões.

Também já existem vídeos. A seção de comentários no YouTube é um poço de condescendência e propagação do Evangelho, cheio de fogo do inferno e enxofre, com um toque de racismo: "ISTO É PURO SATANISMO!", grita um; "pagãos", cospe outro; "estes são hippies, não compare com nossos ancestrais eslavos", diz um terceiro. "Falsos pagãos"; "monte de cracudos"; "sinto cheiro de maconha" (que fique registrado, eu não senti).

O que vi em Stonehenge não me pareceu ofensivo de forma alguma. Talvez parte do evento todo não se adequasse ao meu gosto pessoal, e parte dele me deixasse pensando qual era a conexão entre o lugar, a crença e a ação. Mas essas coisas não eram da minha conta, e nem uma única pessoa se preocupou em perguntar por que eu estava presente. Com certeza, o que aconteceu naquele lugar representou um amontoado de espiritualidades diferentes, mas me pareceu profundamente tolerante. Ali estava um grupo de pessoas dispostas a compartilharem seu seleto local de adoração e a respeitarem o modo de celebração uns dos outros. Eles não buscavam a voz agressiva de consistência ou conformidade; não se denunciaram como seguidores de um caminho divergente. Apenas faziam suas coisas e deixavam que os outros fizessem as deles.

Cada vez mais, acho que sou atraída por momentos como este: um ponto alto no progresso monótono do ano e uma forma de marcar o movimento para a próxima fase. Mas esse desejo também faz com que eu me contorça, como se fosse algum tipo de perversão que tenho vergonha de admitir em público. Os rituais sempre pareceram um pouco bobos para mim. Necessitar deste — desejá-lo — é uma sensação desconfortável.

Entro em contato com Philip Carr-Gomm, líder da Ordem dos Bardos, Ovados e Druidas, depois de ler uma entrevista no *Times* em que ele reconhece a mesma sensação de desconforto irrequieto. "Também acho que o druidismo é um pouco maluco", diz ele, "mas muito do que está acontecendo no mundo é maluco. Trump é um pouco estranho. Eu olho para os bispos anglicanos em suas vestes e acho que são um pouco esquisitos. Como John Cleese disse uma vez, o maior medo dos ingleses é o constrangimento, então estou atolado nele."

Também me sinto sobrecarregada por esse constrangimento: a sensação de que, em vez de ser imoral, perigosa ou estúpida, a criação de rituais para encontrar um significado mais profundo no mundo é simplesmente digna de vergonha. Philip ri de modo gentil quando torço o nariz no processo de descrever o solstício de Stonehenge; ele parou de frequentá-lo há alguns anos. Philip ainda celebra o solstício de forma mais discreta, mas também o vê como parte de um sistema de comemorações que chegam em intervalos regulares para tornar a vida mais administrável.

"Os druidas seguem o Ciclo Óctuplo do Ano", diz ele, "o que significa que temos algo para fazer a cada seis semanas. É um período de tempo útil, e você sempre tem o momento seguinte em vista. Isso cria um padrão ao longo do ano."

Como ele descreve em seu livro *Druid Mysteries*, o ano renasce mais uma vez no solstício de inverno. Os druidas realizam uma cerimônia em que "jogam fora tudo o que impede o surgimento da luz" e lançam retalhos de tecido no chão na escuridão para simbolizar os elementos que os reprimiam. Então, uma única lamparina é acesa com uma pederneira e levantada ao leste para dar as boas-vindas a um novo ciclo, que atingirá seu pico no solstício de verão.

O próximo festival é o Imbolc, no dia 1.º de fevereiro, quando aparecem as primeiras campânulas-brancas, com suas pequeninas flores brancas estremecendo com o frio. Marca o fim do inverno, uma época em que a neve costumaria derreter e seus detritos poderiam ser removidos; mas é também o início da primavera, quando nascem os primeiros cordeiros. Logo chega o equinócio da primavera, quando os dias e as noites têm a mesma duração e o Alban Eilir (a Luz da Terra) é celebrado, seguido por Beltane no dia 1.º de maio no hemisfério norte, quando a primavera está em plena floração e o gado saía de seu confinamento de inverno. Esse sistema continua durante o verão até chegarmos ao Samhain, a morte do ano e o início do período liminar, antes de ser renovado no solstício de inverno. Quatro festivais solares, ligados a solstícios e equinócios, e quatro festivais pastorais entre eles, celebrando momentos-chave na experiência vivida no ano.

"Na cultura de massa, o único grande festival agora é o Natal", diz Philip, "e talvez também algum feriado de verão. A lacuna é muito grande. Quando você segue um Caminho como o druidismo, o padrão dos festivais dá ritmo ao ano, oferecendo uma direção até mesmo nos períodos mais sombrios."

Seria essa uma religião inventada, que remenda rituais emprestados e remonta a um passado imaginário onde o misticismo reinava? Provavelmente. Pode ser. Mas não acho que isso importe. Ela expressa um desejo que muitos de nós reconheceremos. Será que avançamos tanto no reino da luz elétrica e do aquecimento central que o ritmo do ano se tornou irrelevante para nós, e não queremos mais sequer notar o ponto em que as noites começam a ficar mais curtas de novo? Se nossa sociedade atual carece de uma maneira de nos oferecer os significados que buscamos, então é completamente razoável reimaginar velhos costumes ou criar novos.

"Você reza?", pergunta a autora Jay Griffiths em seu ensaio de 2019, "Daily Grace", publicado na revista *Aeon*. "Sim, eu rezo", responde ela para si mesma, "uma reza mais terrena do que para qualquer deus fora do solo — e, embora não possa dizer as palavras que uso, direi que seu cerne é a beleza."

Posso ficar com vergonha de admitir, mas também rezo em termos terrenos. Aprendi a meditar há mais de uma década e, quando a maternidade às vezes tornava impossível encontrar tempo para me sentar por vinte minutos, duas vezes por dia, descobri uma maneira de destilar um pouco dessa experiência. Fechando os olhos, ainda que por um breve momento, e repousando meus pensamentos no âmago da minha percepção, posso obter um pouco da paz que a meditação me traz. Passei a pensar nela como uma oração, embora não peça nada e não fale com ninguém dentro dela. É uma experiência profundamente não verbal, um sopro intenso de puro ser em meio a uma floresta de palavras. É um desemaranhamento, um instante para sentir a verdadeira dor do desejo, a suave limpeza da autocompaixão, o coração inchado de gratidão, o compasso da existência. É um momento em que, sozinha, estou mais conectada com os outros.

Posso me sentir totalmente alheia em uma multidão de pessoas, mas, quando fecho os olhos, é como se tivesse entrado em um rio de toda a consciência, me banhado na humanidade comum. Chego a me encolher de constrangimento só de escrever essas palavras, porque não tenho amigos que orem assim ou que falem do mundo desse jeito. Tenho vergonha. Eu me vejo tateando em busca do vocabulário básico para expressar o que quero dizer. Afasto-me das certezas da religião e da linguagem cuidadosamente evasiva que encontro online — a internet espiritual, celebrando os momentos em que somos abençoados e gratos, mas relutante em identificar por quem somos abençoados ou a quem estamos gratos. Eu não poderia, na tradição de vários programas de doze passos, me submeter a um poder superior sem saber exatamente o que ele constituía, o que gostariam que eu acreditasse e se concordo com seus princípios. Sou um ser profundamente racional, propenso a fazer perguntas. Não posso aceitar incertezas. Exijo uma compreensão sistemática de quaisquer crenças que eu possa ter; preciso que tenham um sentido coerente.

No entanto, minhas orações — terrenas como são — me levam a um lugar que sou incapaz de dissecar ou examinar, um espaço além das palavras. Quando não estou orando, tenho dificuldade em imaginar um deus para o qual estaria disposta a orar. Ainda assim, sou atraída para a oração por amor a ela. É um ato que minha mente conhece, que acontece sem minha intervenção. "Alguns dias, embora não possamos orar, uma prece / se pronuncia"* é como começa o poema mais famoso de Carol Ann Duffy, "Oração". Rezar é algo que posso fazer, então o faço. Parece representar um impulso atávico da minha parte, herdado dos antepassados, um desejo de encontrar vida no

---

*   *Some days, although we cannot pray, a prayer/ utters itself*, "Prayer", de Carol Ann Duffy.

mundo ao meu redor, as árvores e pedras e corpos d'água, os pássaros e mamíferos que entram na minha linha de visão. O meu é um animismo pessoal, silenciado por um cérebro consciente, alimentado pelo inconsciente.

Contudo, uma oração pelo menos é algo que acontece em silêncio, em segredo. Não é nada que eu deva anunciar ou discutir e, portanto, posso ser discreta a esse respeito numa conversa dissimulada com os racionalistas enquanto procuro furtivamente o numinoso. Esse impulso para o ritualístico é algo novo e totalmente mais arriscado, porque torna visíveis minhas devoções invisíveis. Mas senti um enorme conforto em me sentar na igreja sueca e ouvir o coral, e obtive uma elevação distinta por me misturar com a multidão em Stonehenge e ser parte do esforço para marcar a passagem de outra fase no ano e o início de um novo. Desde que participei do solstício de Stonehenge, estou prestando atenção em coisas que não notava antes; percebo que o sol nasce um pouco mais cedo todas as manhãs e, portanto, é um pouco mais fácil sair da cama. Celebrar essa mudança na presença de outras pessoas fez a diferença. Acrescentou um pouco de alegria ao simples ato de perceber e reforçou a necessidade sombria que espreitava por trás dele com o espírito de companheirismo humano. Tirou um pouco da vergonha de precisar disso.

As vagas comunidades que encontramos em reuniões espirituais ou religiosas já foram comuns para nós, mas agora parece um ato mais radical nos juntarmos a elas, um desafio descarado às restrições da família nuclear, à tendência de permanecer dentro de grupos de amizade estreitos, ao recuo daquilo que é assombroso. As congregações são elásticas, estendem-se para acolher todos os tipos de pessoas e trazem perspectivas e percepções inesperadas. Precisamos delas agora mais do que nunca.

"Os rituais são as portas da psique, entre o sagrado e o profano, entre a pureza e a sujeira, a beleza e a feiura, e uma abertura do comum para o extraordinário", escreve Jay Griffiths. De minha parte, eles abrem um espaço para hospedar pensamentos que, de outra forma, eu consideraria tolos ou ridículos: um maravilhamento silencioso diante do passar do tempo. A maneira como tudo muda. A maneira como tudo continua igual. A maneira como essas coisas são maiores do que eu e mais do que posso conter.

Mais do que em qualquer outra estação, o inverno requer uma espécie de metrônomo que tiquetaqueia suas batidas mais sombrias, dando-nos uma melodia para seguir até a primavera. O ano seguirá, aconteça o que acontecer, mas prestando atenção a ele, sentindo seu ritmo e percebendo os momentos de transição — talvez até mesmo tirando um tempo para pensar sobre o que queremos da próxima fase dele — podemos obter a medida dessa transformação.

Epifania

Quando você começa a se sintonizar com o inverno, percebe que vivemos milhares deles em nossas vidas — alguns grandes, outros pequenos. Assim que eu estava chegando ao fim da minha doença e da doença de H e começava a acreditar que a vida estava prestes a se acalmar de novo, percebi que um grande inverno havia chegado sem que eu sequer percebesse.

Meu filho ficou ansioso demais para ir à escola. Com 6 anos de idade, ele já havia sido derrotado pela combinação daquela sopa tóxica de trinta crianças amontoadas em uma sala de aula, uma professora puxada em tantas direções diferentes que Bert se sentia invisível e alguns meninos malvados no parquinho. Um currículo hiperativo que o fazia sentir que não conseguia acompanhar todo mundo; um conjunto de metas gerais que garantiam que "esperado" fosse tudo o que já tínhamos ouvido sobre ele.

Eu sabia de suas preocupações; estava ouvindo, mas não escutando direito. A gravidade da situação me pegou de surpresa. Achava que os problemas dele eram comuns, mas descobri que não. Havia oferecido palavras para acalmá-lo, algumas pequenas tentativas de resolução de problemas, a garantia de que todas as melhores pessoas odiavam a escola. Mas o que ele precisava era de um motim, que eu me levantasse e dissesse: "Quer saber? Isso não é bom o suficiente! Meu filho merece ser feliz!". Porque ele não estava feliz. Não percebi a alegria escapar dele pouco a pouco, mas havia escapado mesmo assim. Alguns invernos são graduais; eles se aproximam tão lentamente que se infiltram em todas as partes de nossas vidas antes que os sintamos de verdade. A raiva do meu filho pela escola parecia repentina, mas não era. Ele estava me contando sobre ela o tempo todo, e agora estava se certificando de que eu tinha escutado.

Então, enfim absorvi suas palavras. Tirei-o da escola e rejeitei sugestões de como poderia encaixá-lo de volta: como ameaçá-lo e persuadi-lo; como encantá-lo para tolerá-la; se deveria medicá-lo à submissão. Eu não faria nenhuma dessas coisas. Não estava disposta a levá-lo de volta à escola pela força, por mais desesperada que estivesse para recuperar meu próprio tempo. Eu que, em essência, sempre havia gostado do ritmo e do desafio da escola, percebi quantas pessoas achavam uma dificuldade absoluta suportá-la; muitas delas, porém, acreditavam que os filhos também deveriam fazê-la por catorze dolorosos anos de suas vidas. Deveria me preocupar mais com as qualificações futuras do meu filho do que com sua capacidade de estar contente. Eu não estava disposta a fazer isso. Não achava que as duas coisas deveriam estar em conflito — alcançar seu potencial e não se sentir completamente infeliz. A felicidade é a maior habilidade que aprenderemos na vida. Não é uma parte de nós que deveria ser colocada em um canto escuro, o vergonhoso território dos deliberadamente ingênuos.

A felicidade *é* o nosso potencial, o produto de uma mente que tem permissão para pensar da forma como necessita, que tem o suficiente do que precisa, que está livre do peso terrível do bullying e da humilhação. Quando crianças, tole-ramos condições de trabalho que consideraríamos intoleráveis como adultos: a exposição constante de nossas conquistas a um público hostil; a motivação por ameaça em vez de enco-rajamento (e grandes ameaças também: *se você não fizer isso, vai arruinar toda sua vida futura...*); o mundo social no qual zombam de você e o provocam; seus desejos mais embaraço-sos, expostos; seu corpo recém-formado, elevado para o tipo de escrutínio que destruiria um adulto. Com frequência, du-rante a infância, isso também vem acompanhado de ameaças físicas, como ser empurrado e jogado no parquinho, levar so-cos e chutes. A ameaça eterna de que algo mais perigoso está esperando na esquina em seu caminho para casa. Imagine co-mo isso o faria se sentir como um adulto: aquela ameaça per-pétua à sua integridade física e seu bem-estar mental. Jamais aceitaríamos isso, mas o fizemos quando crianças porque era o que se esperava de nós e não conhecíamos nada diferente.

Mas, se a felicidade é uma habilidade, então a tristeza tam-bém é. Talvez durante todos esses anos na escola, ou talvez através de outros terrores, somos ensinados a ignorar a triste-za, a enfiá-la em nossa mochila e fingir que não está lá. Como adultos, muitas vezes temos que aprender a ouvir a clareza de seu chamado. Isso é invernar. É a aceitação ativa da tristeza. É a prática de nos permitirmos senti-la como uma necessida-de. É a coragem de encarar as piores partes da nossa experiên-cia e de nos comprometermos a curá-las da melhor maneira possível. O inverno é um momento de intuição, quando nos-sas verdadeiras necessidades são sentidas de forma tão aguda quanto o fio de uma navalha.

Havia chegado a hora de ensinar meu filho a invernar. É uma habilidade e tanto para transmitir. Por isso, aproveitamos nos-so tempo e mergulhamos nas coisas que amamos: brincamos na praia e fuçamos na biblioteca. Fizemos piratas de argila e caminhamos pela floresta para trazer pinhas e frutinhas silvestres para casa. Pegamos o trem para Londres e visitamos o Museu de História Natural para ver os dinossauros em relativa solidão. Em uma manhã particularmente fria, aproveitamos uma geada para fazer bolas de neve estranhamente indestrutíveis. Assamos biscoitos, sovamos massa de pizza e jogamos mais Minecraft do que eu teria preferido.

Viajamos através dos momentos sombrios juntos. Não vou fingir que foi divertido, mas foi necessário mesmo assim. Nós nos enfurecemos e sofremos juntos. Fomos dominados pelo medo. Nós nos preocupamos e dormimos, ficamos acordados e deixamos nossos horários virarem de cabeça para baixo. Não recuamos tanto do mundo, mas o deixamos se afastar de nós. Gritamos nossa dor para amigos e familiares, e ficamos surpresos por tantos terem vindo correndo nos ajudar, às vezes com apoio prático, às vezes apenas compartilhando as próprias histórias. Ajudou. Nós nos sentimos desolados, mas, ao mesmo tempo, nunca nos sentimos tão amados.

Em nosso inverno, uma transformação aconteceu. Lemos, trabalhamos, resolvemos problemas e encontramos novas soluções. Mudamos nosso foco de seguir em frente com a vida normal e passamos a fazer uma nova. Quando tudo está quebrado, tudo também está ao nosso alcance. Este é o presente do inverno: ele é irresistível. A mudança acontecerá em seu rastro, gostemos ou não. O que acontece é que podemos sair dele vestindo um casaco diferente.

A maior sabedoria veio de pessoas que suportaram esse inverno específico antes de nós. Eu os encontrei pela primeira vez quando estava sentada em um ginásio de trampolim barulhento em uma manhã de quarta-feira, sentindo-me como se estivesse acompanhando uma criança que deveria estar na escola. Inclusive, estava esperando por um tapinha no ombro, talvez do gerente do ginásio, talvez de um policial à espreita, se é que esses ainda existem. Porém, quando aquele toque no ombro veio, foi de uma mulher sentada em um grupo numa mesa próxima. "Você também o educa em casa?", ela perguntou.

E eu botei para fora o que parecia ser toda minha história de vida, ou pelo menos tudo que dera errado nos últimos meses. Esperava que ela ficasse chocada com minha incompetência como mãe, mas, em vez disso, fui recebida com sorrisos e acenos de cabeça compreensivos. "Eu diria que todos ao redor desta mesa passaram exatamente pela mesma coisa", disse ela.

Eu poderia ter chorado ali mesmo, só de saber que não estava sozinha.

Sentei-me com aquelas pessoas e descobri que meu filho era uma das centenas de crianças em todo o país que se sentiam oprimidas pela escola, e que eu era uma das centenas de mães e pais que sentiam uma recusa intuitiva a forçar seus filhos a voltar e treiná-los para assumir as consequências. Os pais me disseram que demorava um pouco, mas os filhos voltavam a ser felizes fora da escola regular, tendo sido tão infelizes nela. "Agora, ela é uma criança diferente", disse uma mãe. "Ela recuperou uma parte de si mesma que pensávamos estar perdida para sempre." Segui seu olhar para observar uma menina girando e pulando entre os trampolins, uma imagem de liberdade. E meu próprio filho, brincando alegremente com outro menino do grupo.

"Olha só para eles. São farinha do mesmo saco", disse ela. Eu me senti aceita de uma forma que não me sentia há meses.

Aqui está outra verdade sobre invernar: você encontrará sabedoria em seu inverno e, quando o momento acabar, é sua responsabilidade transmiti-la. Em troca, é nossa responsabilidade ouvir aqueles que invernaram antes de nós. É uma troca de presentes em que ninguém perde. Isso pode envolver a quebra de um hábito de toda a vida, transmitido cuidadosamente através das gerações: olhar para os infortúnios de outras pessoas e ter certeza de que elas atraíram aqueles problemas para si mesmas, de uma forma que jamais faríamos. Essa não é apenas uma atitude indelicada; ela nos prejudica, porque nos impede de aprender que desastres realmente acontecem e como podemos nos adaptar a eles. Isso nos impede de estender a mão para aqueles que estão sofrendo. E, quando nosso próprio desastre vem, ele nos força a um recuo humilhado, enquanto tentamos caçar erros que nunca cometemos ou atitudes equivocadas que nunca tivemos. Ou isso, ou temos certeza de que deve haver alguém por aí a quem podemos culpar. Observando o inverno e escutando de verdade as mensagens dele, aprendemos que o efeito costuma ser desproporcional à causa; que pequenos erros podem levar a grandes desastres; que a vida é muitas vezes injusta, mas continua acontecendo com ou sem nosso consentimento. Aprendemos a olhar com mais bondade para as crises das outras pessoas, porque muitas vezes elas são presságios de nosso próprio futuro.

Certa noite, deixei Bert ficar até tarde acordado para terminar de assistir ao último filme de Harry Potter. Tínhamos começado a ler os livros quando ele começou a enfrentar problemas, e ficou cada vez mais claro que ele se identificava com Harry, intimidado e depreciado, sujeito a rompantes de mau humor, mas também corajoso e fiel, uma criança que resistia aos maus momentos e saboreava os bons. Logo, mudamos para os filmes apenas para que ele pudesse percorrê-los mais rápido. Ele havia chegado ao fim de *Relíquias da Morte: Parte 1* e estava tão desolado que tive que lhe mostrar como tudo acabava, tive que provar a ele que a maré mudaria.

Quando o filme começa, pego um lápis e um pedaço de papel e desenho para Bert o mesmo diagrama que costumava desenhar para meus alunos de graduação: uma curva em um gráfico, parecida com um sorriso torto. "Essa é a forma de uma boa história", explico. "Este é o começo e este é o fim. E, no meio, olha só, está sempre o ponto mais baixo. É chamado de 'nadir', o momento em que as coisas ficam tão ruins que você não consegue imaginar uma saída."

Bert o examina um pouco. "Então é onde estamos", diz ele, e aponta para o final da curva. "Aqui."

Não tenho mais certeza de qual curva estamos falando, a nossa ou a de Harry. "Isso mesmo", respondo e viro o lápis um pouco para a direita. "E a reação começa *aqui*."

"Então, depois disso, tudo fica melhor?"

"Não exatamente. Existem altos e baixos, mas, a partir de agora, o herói da história está trabalhando para encontrar uma solução. Mesmo a cada revés, ele avança."

Bert pega meu lápis e desenha por cima da minha linha. Ele segue a curva original, mas faz uma série de mergulhos profundos ao longo do caminho.

"Então, é assim que é de verdade", diz ele. "É assim que as histórias funcionam."

"Isso. Só que na vida real, continua acontecendo. A aventura não termina na última página."

Fiz um novo ritual para o período de Natal este ano, nesses doze dias que sempre luto para preencher de forma significativa. Começa no solstício e termina no dia de Ano-Novo.

Ao pôr do sol após o solstício, me reúno com algumas amigas para acender uma fogueira na praia, empurrando a tigela de fogo e um saco de lenha pela cidade no meu velho carrinho de compras. O tempo está excepcionalmente ameno, tanto que noto a gata soltando pelo na manhã seguinte, como se tivesse encerrado o inverno e estivesse pronta para seguir em frente. Mesmo assim, o vento sopra forte e fustiga enquanto tento acender o jornal embaixo do meu graveto, apagando quinze fósforos e murmurando xingamentos baixinho. Estou começando a achar que não teremos fogo quando alguém chega com um isqueiro e faz com que meus esforços do Guia das Meninas pareçam primitivos. Logo, a chama está queimando clarinho sob o sol baixo e oblíquo, esticando nossas sombras, e ficamos em pé com nossos casacos em cima dos seixos, segurando frascos de chá e vinho quente, bebendo cerveja direto da garrafa.

A maré está bem baixa. Nossos filhos brincam na beira da praia, conspirando sobre os brinquedos que vão ganhar, desafiando-se uns aos outros a acreditar no Papai Noel por mais um ano. Observamos o sol, que se revela dourado sob nuvens cinzentas dispersas, cada vez mais perto do horizonte. A praia de Whitstable é um local popular para assistir ao pôr do sol; eu me banho em um bom número deles no verão. Nessa época, o sol mergulha no mar à direita da Ilha de Sheppey. Hoje, no ponto mais extremo do inverno, está mais à esquerda, descendo atrás das casas baixas em Seasalter. Sei há muito tempo que o sol se move no céu ao longo do ano, mas nunca tinha percebido isso antes. No inverno, ele se põe em um ponto totalmente diferente, acima do pântano em vez de no mar.

Observamos o último pedacinho de seu círculo sumir, e então o fogo parece queimar mais forte. Pego-me desejando que tivéssemos uma canção para cantar, alguma de Natal ou um hino para o retorno da luz. "Viramos o ano", anuncio, como aprendi a fazer em Stonehenge algumas horas antes. A frase se repete no nosso grupo como um eco: viramos o ano.

Viramos o ano.

Viramos o ano.

Teria acontecido de qualquer maneira, com ou sem que percebêssemos, mas dessa forma nos dá a fugaz impressão de que assumimos o controle — não das estações, mas de nossa reação a elas. O céu agora é de um azul tênue, ainda claro o suficiente para ver, mas mais translúcido e frio. As crianças saem de fininho para irem na beira do mar e logo voltam, cobertas de areia molhada e fartas de ficarem no escuro. Alguém as leva para casa para assistir a *Um Duende em Nova York*, enquanto nós continuamos na praia, num estado de espírito tranquilo, cada pessoa guardando para si os próprios pensamentos. Acendemos a fogueira. Uma lua cheia surge acima da cidade, como se tivesse vindo assumir o controle do ponto onde o sol deixou. Logo, está brilhando intensamente contra um céu que escurece.

A praia está vazia, exceto por nós. Nós nos amontoamos mais perto do fogo, curtindo o silêncio e queimando o resto da lenha. Quando eu morava em uma casa com vista para a praia, costumava ver as pessoas construindo enormes fogueiras que ardiam alto no ar. Minha pequena tigela de metal é muito menos ambiciosa, mas emite uma generosa dose de calor. Murmuramos nossos desejos de que o próximo ano seja mais fácil. Repetimos a frase *Viramos o ano*, quase com maravilhamento. Em algum ponto, o mar começa a sussurrar nas profundezas da escuridão, e percebemos que a maré também mudou.

Lembro-me mais uma vez do valor silencioso do ritual na minha vida e das palavras de D. H. Lawrence: "*Devemos* voltar à relação: a relação vívida e nutritiva com o cosmos e o universo (...) *Devemos* praticar mais uma vez o ritual do amanhecer e do meio-dia e do pôr do sol, o ritual de acender o fogo e derramar a água, o ritual da primeira respiração e da última".

Na manhã seguinte, sem conseguir convencer ninguém a voltar à praia para ver o sol nascer de novo, fico no jardim para fazer isso sozinha. Não tenho uma visão boa do horizonte, então tudo que posso fazer é agarrar minha xícara de chá e perceber que o dia está chegando de mansinho. As estrelas estão visíveis, pontos incrivelmente brilhantes contra um céu escuro, mas então os pássaros começaram a se mexer em antecipação ao sol. Os grasnados das gaivotas-prateadas aumentam; começo a ver suas silhuetas acima de mim e percebo que as estrelas se apagaram. O pintarroxo canta quando o céu está quase azul. E então, no vão entre duas casas, há uma luz dourada; o mundo brilha mais uma vez.

Esse dia marca o início do Natal para mim. Como convém ao fim de um ano propenso a crises, deixei-o tarde, mas passo a manhã na mercearia local, trazendo as provisões de Natal: queijo Stilton, presunto, couve-de-bruxelas, um peru tão grande que chega a assustar. Quantidades descomunais de batatas. Vinho tinto e branco, uma garrafa de Marsala. Manjar turco e bombons de licor de cereja. Um saco de tangerinas japonesas, algumas embrulhadas em papel azul e dourado. Vários potes de creme de leite, só para garantir.

Também faço as minhas compras de presentes, todas de uma vez. Parece mais generoso do que um lento acúmulo de lembrancinhas ao longo de vários meses: é de uma vez só, um alegre empilhamento de caixas e pacotes na minha cesta, uma entrega vertiginosa de dinheiro no caixa. Como faço desde que Bert era bebê, compro um pijama novo para ele usar na véspera de Natal: o deste ano é azul-claro com bicicletas. Chego em casa e me sinto pronta, mais ou menos como se tivesse resistido ao Natal até o último momento. Em vez disso, fiz tudo no lugar e na hora certa, tornando a data uma alegria em vez de um trabalho árduo.

Na véspera de Natal, somos obrigados a montar uma ceia para o Papai Noel. Bert pensou em toda uma lista de comidinhas de que o bom velhinho poderia precisar (todas devem ser rotuladas) e um pouco mais para suas renas. Quanto tudo está pronto, penduramos a meia de Bert na maçaneta da porta e notamos no último minuto que ele havia deixado uma armadilha, prendendo a meia com um cinto enrolado como um laço, na esperança de que o barulho o acordasse e conseguisse ver o Papai Noel. Estou secretamente orgulhosa de sua engenhosidade, embora nem tanto mais tarde, quando estou desembaraçando a coisa depois de alguns copos daquele Marsala, mas descer as escadas para encher uma meia de Natal é um dos pontos altos do meu ano, um gesto de abundância e consideração.

Amo embalar os itens tradicionais (moedas de ouro e um chocolate em forma de uma laranja com o talo para meu filho avesso a frutas) e o punhado de bugigangas, insignificantes em si, mas que se tornam especiais pela intimidade que representam, aquele conhecimento das coisinhas bobas que farão seu filho sorrir. Eu ficaria tentada a sentir ressentimento do Noel por levar todo o crédito se ele não acrescentasse tanta magia.

No dia de Natal, lutamos contra uma avalanche de Legos, comemos e bebemos e jogamos bola na praia. No dia 26, fazemos uma fritada com as sobras do dia anterior e levamos pratos com sobras e picles para bons amigos. Então, entramos naquele estranho período entre o Natal e o Ano-Novo, quando o tempo parece confuso, e vivemos nos perguntando o tempo todo: *Que dia da semana é hoje? Que dia do mês?* Sempre pretendo trabalhar nesses dias, ou pelo menos escrever, mas este ano, como todos os outros, me vejo incapaz de reunir coragem para isso. Costumava pensar que eram dias perdidos, mas agora me dou conta de que é esse o ponto. Não estou fazendo muita coisa, nem mesmo ficando ativamente de férias. Limpo os armários, pronta para mais um ataque anual de cozinhar e comer. Levo Bert para brincar com os amigos. Dou caminhadas geladas que fazem meus ouvidos doerem. Não estou sendo preguiçosa, não estou enrolando — só deixando minha atenção mudar por um tempo, desviar das ambições objetivas do resto do ano. É como acelerar meus motores.

Na véspera de Ano-Novo, sinto um pavor familiar: a pressão da temporada de festas em seu suspiro final. Acho que nunca consegui festejar o Ano-Novo direito; talvez uma vez, muito tempo atrás. Minha família costumava preparar nessa data uma versão mais simples do almoço de Natal, uma boa ideia que abandonamos. Hoje em dia não faço planos e depois me arrependo quando chega a noite. Sempre acho que deveria pelo menos ter feito o jantar para alguns amigos próximos, mas a política do Ano-Novo parece complicada demais para mim. Mesmo na idade avançada de 41 anos, tenho vergonha de perguntar se alguém está livre, para não parecer impopular. Então, a cada ano, sem falta, descubro no dia seguinte que muitas das minhas pessoas favoritas estavam em casa, entediadas, ruminando os mesmos pensamentos sombrios que eu: *Aposto que todo mundo está por aí se divertindo. Por que não fui convidada?*

Os filhos complicam o Ano-Novo, é claro. Talvez seja maldoso dizer que eles estragam a diversão, mas com certeza apresentam um dilema: deixe-os ficar acordados e você passará uma noite inteira negociando com pessoas pequenas em vários estados de mau humor e superagitação; mande-os para a cama, e a sensação de que os excluiu de um momento importante de celebração vai assombrar você. Da minha parte, prometo a Bert que ele pode ficar acordado e que vamos à praia à meia-noite para assistir aos fogos de artifício disparados espontaneamente ao longo da costa todos os anos. No entanto, às 20h30, está claro que ele já está arriando, então chego a um acordo complexo envolvendo uma fogueira imediata e, em seguida, ir dormir, desde que todos nós continuemos a fingir que já é meia-noite.

Ele concorda, relutante, e queimamos a árvore de Natal (despojada dos enfeites e que, mais cedo, cortamos em pedaços), enquanto H e eu bebemos champanhe barato. Na verdade, é um final de festa brilhante, apesar de um pouco mais cedo do que eu teria preferido: a árvore está tão seca depois de um mês dentro de casa que as folhas estalam cada vez que jogamos um galho no fogo. Nós os observamos brilharem como bronze e se desintegrarem nas chamas, e então repetimos o processo até que a árvore inteira não seja nada além de um monte de cinzas. Depois, me deito com Bert e ele adormece, ressentido; em seguida, desço as escadas para tomar um último martíni e assistir *Hootenanny* na TV, sempre o sinal de um Ano-Novo desperdiçado. Prometo em voz alta que, no próximo ano, faremos planos adequados. H ri de mim.

Foi assim que virei o ano: não em um único momento de altas apostas, mas em uma série de gestos que gentilmente reconhecem a mudança em curso e que também marcam as continuidades. São os doze dias do Natal, mas alterados. Não há dietas nos dias que se seguem, nem promessas de se tornar vegano ou parar de beber álcool. Não tenho nada pelo que expiar. Pela primeira vez na vida, a fronteira entre dezembro e janeiro começa a parecer um pouco menos arbitrária, ligada à volta da luz e à promessa da primavera. Sem dúvida, o inverno ainda vai ter dias perfurantes o suficiente; os dias mais frios ainda estão por vir. Ainda assim, vai nevar de vez em quando dentro de algumas semanas e aí vão nascer as primeiras flores de açafrão. Não vai demorar muito. O ano recomeça.

Janeiro

Escuridão

Cruzei o Círculo Polar Ártico apenas uma vez. Estava grávida de cinco meses, anêmica, zonza, com pressão alta e doente como um cachorro. Provavelmente não foi a melhor ideia que já tive, mas eu havia reservado a viagem com muito tempo de antecedência, antes mesmo de pensar que poderia engravidar.

A maternidade veio mais cedo do que eu esperava. Com 30 e poucos anos, fiquei alarmada com um conjunto de artigos de revistas que diziam que eu quase certamente estava brincando com minha fertilidade futura, mas também era dominada pela noção de que precisava melhorar muito como adulta antes que pudesse produzir um filho. Como fiz durante a maior parte da vida, senti que estava prestes a colocar tudo nos eixos e só precisava de um pouco mais de tempo. Minha solução foi literalmente gelada: decidi congelar alguns de meus óvulos até essa data em um futuro não especificado, quando já teria tudo planejado.

Fui a uma clínica de fertilidade perto da London Bridge para uma série de exames com o objetivo de ter um panorama exato da minha fertilidade. Era um dia tão chuvoso que eu estava molhada até a calcinha quando cheguei. Esperava aderir a um esquema que me permitisse colher e congelar meus óvulos de graça, em troca da doação de alguns dos que sobrassem, que, afinal de contas, estavam lá sem uso. No entanto, os resultados não foram o que eu esperava. Em vez de revelar quanto tempo eu ainda tinha, os testes revelaram que não me restava mais tempo. Tinha óvulos o suficiente, mas não estava produzindo os hormônios certos para engravidar. Estava me enganando achando que tinha algum tipo de controle do processo.

Eu me arrastei para casa naquela noite, enviando uma enxurrada de mensagens animadas, para mostrar que estava *muito* feliz por ter descoberto isso e que a informação é a melhor armadura, de modo que agora poderia tomar decisões conscientes; que tinha a sorte de *saber*, sendo que tantas mulheres nunca sabem; que (risos) agora me arrependia de todos aqueles anos que passara mexendo com anticoncepcionais. Se tivesse descoberto antes! Engraçado, na verdade. Quando a gente para e pensa. E então fui para a cama, puxei as cobertas sobre a cabeça e chorei.

Até aquele ponto, eu tinha o luxo da ambivalência. Pensava que poderia ter um filho, ou talvez não, dependendo de como a vida se desenrolasse. Conseguia vislumbrar uma vida boa de ambas as formas, mas agora a certeza me atingia como uma marretada: eu queria um filho. Sempre quis um, só não tinha coragem de admitir até aquele momento.

Em uma semana, estava inscrita em um tipo diferente de clínica de fertilidade: uma do Serviço Nacional de Saúde, voltada para a fertilização *in vitro*. Durante os quatro meses até a primeira consulta, nossas vidas mudaram por completo. Depois de ler todos os livros que consegui encontrar, comprei um saco enorme de testes de ovulação no eBay e agora estava fazendo xixi num palitinho todas as manhãs, examinando meu muco cervical e registrando minha temperatura em uma planilha. Estávamos tendo o tipo de sexo reprodutivo que logo se torna um tédio insuportável. Era altamente improvável que tudo isso funcionasse, mas pelo menos eu sentia que estava fazendo uma contribuição. Também estava visitando um acupunturista, apenas para o caso de isso poder ajudar. As suspeitas que sempre tive a vida toda contra medicina alternativa não importavam mais. Estava me atirando de corpo e alma naquilo, apostando todas as fichas.

Nunca terei certeza do que funcionou, mas, quando fui à primeira consulta de fertilização *in vitro*, já estava grávida. Eles me levaram direto para fazer um exame, e vi um pequeno aglomerado de células se contorcendo: o coração ainda não era bem um coração, mas, mesmo assim, estava batendo. Era inesperado e anos antes do que eu planejara, por isso mesmo fiquei completamente apavorada, mas também desesperada para me agarrar a essa estranha forma de vida dentro de mim.

Durante todo o primeiro trimestre, passei muito mal e pensei em cancelar a viagem para Tromsø, mas não conseguia suportar a ideia. Disse a mim mesma que a data do passeio cairia no maravilhoso segundo trimestre, quando todos me garantiram que eu me sentiria invencível. Esse momento nunca chegou. Na verdade, parecia que eu estava acumulando mais complicações e impedimentos bobos, mas não conseguia abandonar a ideia de viajar para o norte. Tornou-se o ponto fixo no tempo que eu usava para marcar as semanas sombrias e restritas. Quase me apeguei à ideia da viagem para conseguir atravessá-las.

À medida que a data se aproximava, minha parteira expressou suas dúvidas sobre se eu deveria ir ou não. Nunca gostei de pedir permissão, mas, nesse caso, precisava que ela assinasse uma carta declarando que eu tinha condições de viajar para não invalidar meu seguro. Também estava um pouco preocupada com a possibilidade de a companhia aérea se recusar a me deixar embarcar: já estava enorme e pensei que eles poderiam achar que estivesse de nove meses. Eu sentia que a carta me impediria de ficar presa em um aeroporto.

A parteira me deixou esperando sua decisão final, recusando-se a me dar a notícia cedo demais. Insisti que ela precisava me deixar ir; eu estava com desejo de ver a aurora boreal, e isso não podia ser ignorado. Ela me olhou como se aquilo fosse mais um sintoma novo com o qual deveria se preocupar e disse que estava sendo cautelosa pelo meu próprio bem, mas acho que ela também entendia. Eu podia sentir uma mudança chegando, e esse era o último suspiro da minha independência adulta se rebelando. Ela enfim concordou, quatro dias antes da data prevista para o voo, com a condição de que tivéssemos um bom plano caso acontecesse algum acidente no local. Mostrei a ela a distância entre nosso hotel e o hospital e prometi que poderia ficar sentadinha assistindo TV o dia todo, se necessário. Ela concordou, a contragosto, que poderia confiar nos noruegueses para oferecer atendimento obstétrico, caso o pior acontecesse.

O Ártico era um destino estranho para uma última comemoração. Voamos no final de janeiro, com tudo completamente congelado e escuro. Lutei para encontrar qualquer tipo de casaco quente que também pudesse caber na minha barriga, e logo descobri os processos corporais brutais que priorizavam o fluxo sanguíneo para meu útero quando a temperatura caía abaixo de zero, muitas vezes me deixando trêmula de frio. Achei a comida insuportavelmente salgada, e abacaxi enlatado — meu único desejo de gravidez — estava em falta. De qualquer maneira, os preços noruegueses eram tão altos que chegavam a assustar, então comíamos, em geral, no nosso quarto, improvisando refeições com massas e os poucos vegetais frescos que encontrávamos. Fizemos algumas visitas ao Burger King local, que se orgulhava de ser a loja mais ao norte da franquia no mundo, mas isso induzia à culpa, em especial devido à minha pressão arterial. Tromsø parecia mais o último posto avançado da civilização do que a "Paris do Norte". Era exatamente o que eu precisava.

Do final de novembro até meados de janeiro, Tromsø passa pela noite polar, quando o sol nem chega a nascer. Como o eixo da Terra é inclinado, há cerca de quarenta dias no ano em que esta parte da Terra fica permanentemente voltada para o lado oposto ao sol. Não significa que a cidade mergulhe na escuridão completa; em vez disso, há um curto período diurno em que a luz é meio que azul-marinho, como os primeiros momentos após o pôr do sol. Pode não parecer muito, mas para aqueles que vivem essa realidade, marca uma distinção vital entre o dia e a noite. Para Tromsø, o reinado da noite polar dura um pouco mais do que costuma durar, porque as montanhas circundantes bloqueiam qualquer visão do sol nascente por uma semana a mais. Quando chegamos, o sol tinha acabado de aparecer, e fora breve. A noite parecia durar mais ou menos desde as 15h até cerca de 9h. Então, havia um longo período de alvorada, com o mais breve dos dias no meio, antes que o crepúsculo recomeçasse.

Não fiquei lá tempo suficiente para me adaptar; em vez disso, acabei dormindo a maior parte do dia, embalada pelo infindável bege do auge do inverno. Dormir em toda aquela escuridão era fácil e, sinceramente, foi uma agradável mudança, em vez de me sentir exausta o tempo todo. Quando estava acordada, minha preocupação principal era não escorregar na calçada nem vomitar em público ou me afastar muito do Hospital Universitário do Norte da Noruega, que se tornou minha estrela-guia. Os esportes de inverno sem dúvida estavam fora de questão, e nenhuma operadora de turismo me deixava chegar perto dos huskies siberianos, que aparentemente eram famosos por seu amor do tipo meio bruto. Temia estar sendo intrépida de todas as maneiras erradas: eu havia exagerado, compensado meus medos de que aquela viagem marcaria o fim da minha vida livre. Porém, havia magia em todos os lugares: escarpas de gelo extraordinárias nas laterais das estradas e bebês dormindo em carrinhos com pilhas de cobertinhas, como filhotes de passarinho em um ninho. A cada noite, meu arrependimento se dissipava enquanto saíamos à caça da aurora boreal, as famosas luzes do norte que estavam em um dos picos cíclicos de atividade.

Na primeira noite, embarcamos em um barco de pesca que partiu do porto de Tromsø e nos forneceu uma refeição de bacalhau recém-pescado em uma cabana aconchegante, com todos os turistas comparando machucados em trenós puxados por huskies. Mal tínhamos acabado de comer quando fomos chamados para o convés, porque o capitão pensou ter visto algo e, enquanto observávamos, uma nuvem de fumaça esverdeada apareceu acima das nossas cabeças, quase perto o suficiente para a tocarmos. Sem que ninguém me explicasse, eu teria considerado que era uma emissão perdida de um dos barcos ao redor, mas, pelo visto, era a aurora: pálida, evanescente, mas tangível de uma forma que eu não esperava. Não era uma imagem cruzada no céu; era um objeto em três dimensões, flutuando lentamente acima do nosso barco.

Naquele momento, percebi que todas as imagens da aurora boreal que eu já tinha visto eram enganosas. Havia me debruçado sobre fotografias de telas de néon tão sinistras quanto luzes de discoteca e assistia a vídeos no YouTube de luzes que iluminavam o céu noturno, intensas e distintas. Essas imagens são invariavelmente aceleradas, os verdes e rosas luminosos realçados por longas exposições. Basta olhar com atenção para ver que as estrelas brilham através da aurora em todas as fotos; as luzes do norte nem mesmo são brilhantes o suficiente para ofuscar minúsculos pontos de luz a trilhões de quilômetros de distância. Elas se movem devagar, como nuvens flutuantes. Vê-las é uma experiência incerta, quase um ato de fé. Você tem que treinar o olho e, sinceramente, não acho que a teria visto se não tivessem me dito que estavam lá. Não há nada de pomposo nas luzes do norte, nada óbvio ou exigente. Elas se escondem de você no início, e então sussurram. Apertávamos os olhos para o céu e dizíamos: "São as luzes ali? Você acha? Lá? Isso. Isso! Pode ser. Não sei...". Mas, então, às vezes, em um ritmo definido inteiramente pelo firmamento, recebíamos o dom de ver a aurora boreal, como se fosse uma recompensa por nossa fé e paciência. Depois, parecíamos vê-la em todos os lugares.

A essa altura, devo ter assistido a centenas de vídeos sobre as auroras boreais e lido dezenas de artigos, e ainda não me sinto segura para entender o que são. Elas resultam de uma colisão de forças da qual eu mal tinha consciência antes de planejar minha visita a Tromsø. A Terra tem uma força magnética e partículas carregadas — prótons e elétrons — presentes no plasma magnetosférico que nos rodeia e que são lançadas na termosfera pelos ventos solares. Aqui, eles se ionizam, emitindo luz e cor. Acho que entendo o processo enquanto o escrevo, mas sei por experiência própria que vou esquecer os fatos assim que sair do meu laptop. A velocidade e a aceleração das partículas, a latitude em que ocorrem as colisões e a presença de outros elementos afetam a exibição — vermelho, verde, amarelo e azul são todos possíveis, mas verde é o mais comum. As auroras boreais são visíveis apenas contra o céu escuro, em áreas de baixa poluição luminosa.

Eu poderia ter ido embora depois daquela primeira noite, satisfeita por ter visto o que tinha ido ver, mas tive a sensação de que havia mais por vir. Então, na segunda noite, partimos de ônibus às 22h e seguimos por quilômetros ao longo de estradas com margens congeladas de ambos os lados. Os guias turísticos não paravam de ter espasmos em seus telefones celulares, tentando acompanhar os últimos avistamentos, e várias vezes o motorista do ônibus fez uma meia-volta precária e seguiu em uma direção diferente para tentar averiguar uma informação. A cada hora, mais ou menos, estacionávamos e recebíamos coletes de segurança laranjas iguais, antes de sairmos e olharmos com esperança para o céu. Nem sempre valeu a pena. Mas, por fim, me vi de pé em uma costa congelada, observando um enorme olho verde se formar no céu acima de mim e depois se dissipar. Foi tão indistinto quanto o da noite anterior, mas vivo de alguma forma, estalando no limite da minha audição. Era piscar e a gente perdia. Bastava apontar a câmera do iPhone e ele ficava tímido de novo, mas os guias tinham câmeras reflex monobjetivas e tripés, e todos nós voltamos para casa com uma fotografia nossa sorrindo sob a intensa luz verde que nunca poderíamos ter percebido com nossos próprios olhos.

Naquela noite, às 2h, saímos em uma clareira na floresta e nosso guia brincou: "Há ursos nesta floresta, mas não se preocupem, eles nunca comeram ninguém ainda!". Então ele olhou para mim por alguns instantes. "Eu só gostaria de saber se as mulheres grávidas emitem feromônios diferentes." Naquele momento, percebi que estava tremendo tanto de frio que meus braços estremeciam ao meu lado e também que estava quase vomitando sobre a neve imaculada. Se meus feromônios não atraíssem os ursos, talvez isso os atraísse. Recuei para o ônibus e dormi o resto da expedição noturna, sonhando com aquelas lentas torres de luz esmeralda.

Àquela altura, estava quase viciada, sentindo-me compelida a aproveitar o plasma ionizante da minha vida enquanto ainda tinha chance. Pegamos um ônibus para o norte e embarcamos em um navio vermelho que guinou para o sul de novo através dos fiordes. De pé no convés, observei uma faixa rosada de luz que ondulava logo acima da minha cabeça, como se o vento tivesse atingido a cortina de uma janela aberta. Parecia haver inúmeras variantes maravilhosas das auroras, mas todas eram fugazes, como se a fronteira entre a esperança e a realidade não fosse clara. Foi uma experiência não muito diferente da gravidez em si: a sensação, em um momento, de que algo muito definido estava presente ali, e a compreensão, no momento seguinte, de que tudo o que você sabia sobre isso era um devaneio.

No final das férias, me abaixando no saguão de um hotel em busca das minhas luvas perdidas, avistei o brilho fraco da aurora acima do porto e imaginei que ela podia ter estado lá o tempo todo. Só esperando que eu aprendesse a vê-la.

Não perambulávamos apenas à noite. Certa manhã, pegamos um micro-ônibus para a Ilha da Baleia a fim de encontrar uma família do povo lapão e suas renas. A viagem nos levou através dos Alpes Lyngen nevados, atrás dos quais o sol nascia, manchando as montanhas de um tom rosado. Passamos por fiordes onde as pessoas nadavam apesar do frio insuportável e comecei a absorver a ligação entre a beleza e a robustez que existia naquele lugar gelado, a maneira como essas pessoas trabalhavam duro para manter seu contrato com o sublime.

Assim que chegamos, estávamos vestidos com roupas de neve e enormes chapéus *à la* Davy Crockett, que nos disseram para colocar por cima de qualquer coisa que já estivéssemos usando. Em seguida, fomos levados a um *lavvu* — uma residência tradicional provisória do povo lapão, disposta em círculo, mais ou menos como uma tenda — onde nos sentamos ao redor de uma fogueira e contemplamos o quanto estava frio. Visto que eu me esforçara para encontrar um macacão de neve largo o suficiente para caber em mim, todos no grupo perceberam que eu estava grávida, e fui alçada a um nível desconfortável de celebridade. As mulheres no nosso grupo se agitavam e resmungavam ao meu redor, e se perguntavam em voz alta por que diabos eu tinha ido até ali naquela condição. Ficar sentada é igual em qualquer lugar do mundo, eu brincava, sem muito sucesso. Fui avisada, pelo menos pela décima nona vez naquela semana, para ficar bem longe de quaisquer huskies, e me perguntaram, talvez pela centésima vez, se eu estava assistindo a *One Born Every Minute*.* Eu estava, mas disse que não, na esperança de evitar a sessão de terapia em grupo sobre parto que sempre parecia acompanhar esse comentário. Não consegui nada disso e fiquei grata por, mais tarde, conseguir sair para ver as renas.

O território do povo lapão se estende pelo norte da península, onde agora se unem os territórios das atuais Noruega, Suécia, Finlândia e Rússia, embora tenham habitado esse lugar sem interrupções por quase dez milênios. À medida que os Estados-nação se formavam em torno deles, os lapões frequentemente sofreram a discriminação dos governos que se sucederam ao longo dos tempos. Eles foram convidados a comprovar a propriedade das terras em que subsistem desde tempos imemoriais. Ainda existem enormes desigualdades, mas agora eles são reconhecidos como povos indígenas pela Suécia, Noruega e Finlândia, com seus próprios parlamentos descentralizados. Na Rússia, essa proteção não foi concedida e, como vem acontecendo há muito tempo, eles permanecem vulneráveis a deslocamentos forçados e incursões em seu território. A posição deles será sempre frágil: são uma cultura formada por um grupo de culturas diversas, vivendo em uma terra dentro de um grupo de terras diversas, procurando manter um modo de vida que horrorizaria a maioria dos europeus contemporâneos.

---

*   O título, que pode ser traduzido como "Um nascido a cada minuto", refere-se a um reality show britânico que acompanha o dia a dia de uma maternidade.

Tradicionalmente, sobrevivem da caça, da pesca, da captura de peles e do pastoreio de renas, pelo qual são mais conhecidos. As renas estão ligadas à sua cultura na medida em que, segundo a lei norueguesa, os lapões têm o direito exclusivo de possuir esses animais. Eles são usados para alimentação, transporte e roupas, e até mesmo uma vez foram aceitos como moeda no lugar da tributação monetária. Os pastores fazem uma série de pequenos cortes nas orelhas das renas, conhecidos como marcas de orelha, com cada família tendo seu padrão único. São conhecidos pela compreensão íntima de seus rebanhos e seus ciclos de vida.

Sua fé é anímica, baseada na ideia de que as almas residem em uma variedade de animais, plantas e características da paisagem. Para eles, isso inclui ursos, corvos, focas, água, ventos e *sieidis*, ou formações rochosas proeminentes que se destacam na paisagem circundante. Uma variedade de deuses e espíritos recebem lealdade; ancestrais estão presentes na vida cotidiana e certos locais são homenageados como importantes para cada família. Não é de surpreender que as renas avultem na imaginação do povo lapão. Beivve, sua deusa do sol, viaja pelo céu todos os dias em um anel de chifres de rena, lançando a fertilidade de volta à terra. No solstício de inverno, ela receberia o sacrifício de uma rena fêmea branca. Quando o sol começava a voltar, recebia presentes de manteiga, que era espalhada nas portas para derreter em sua presença. Enquanto isso, a mitologia fala de Meandash, ou povo-rena, nascido de uma mulher xamã que podia mudar de forma entre humana e rena. Ela é tão sábia e tão antiga que, como as renas, acredita-se que já existia antes do tempo.

Minhas próprias expectativas em relação a esses animais eram bem menos sofisticadas, dependendo inteiramente do que eu ganharia na minha vida toda do Papai Noel. De perto, elas eram mais selvagens do que eu achava, com movimentos erráticos da cabeça e olhos que vagavam dentro das órbitas quando nos aproximávamos delas, mostrando a parte branca. Algumas tinham uma cobertura musgosa de pelos balançando em seus chifres em farrapos. "Isso é porque eles devem cair em breve, antes que chegue a primavera", contou Trine, nossa anfitriã. Os machos, explicou ela, usam seus chifres para lutar pelas fêmeas e os perdem no final da estação de acasalamento, quando chega o inverno. No lugar, logo cresce outro conjunto, mas estes são macios e sensíveis por alguns meses, com vasos sanguíneos próximos à superfície, e não estão totalmente endurecidos até o outono, quando os animais começam a lutar de novo. As fêmeas trocam seus chifres em um ciclo distinto. Elas têm filhotes quando os chifres dos machos estão mais macios, então mantêm seus próprios chifres por mais tempo para defender os filhotes contra predadores. Isso significa que as renas de chifres esfarrapados eram todas fêmeas, usando sua resiliência como uma coroa.

Mais tarde, cada um de nós cavalgou em um trenó puxado por uma delas — minha própria rena foi cuidadosamente selecionada por sua docilidade, mas ainda assim foi uma viagem acidentada sobre a neve e ao redor de um lago congelado, o tempo todo sentada sobre peles de rena. Depois, nos retiramos para o *lavvu* e tomamos uma sopa de rena para combater o frio. Quando terminei minha tigela, Trine correu para reabastecê-la. "Você está sem seus chifres, Mamãe Rena", disse ela, "então devemos enchê-la de sopa." Meus olhos se encheram de lágrimas, porque ela resumiu algo que eu não conseguia articular até o momento: a gravidez me fazia sentir como se eu estivesse perdendo algum tipo de defesa e não pudesse lutar por mim mesma. As renas entendiam o que era necessário para sobreviver ao inverno. Eu, não.

Em Tromsø, aprendi que coisas extraordinárias podem florescer na noite polar, escura e fria, mas também percebi que, por mais que tentasse lutar contra elas, simplesmente não tinha defesa contra as mudanças que estavam acontecendo na minha vida. Estava sentindo falta dos meus chifres. Havia escapulido para um país diferente a fim de me convencer de que poderia continuar como sempre fui; mas, em vez disso, vi apenas meu próprio desespero espelhado no gelo.

No entanto, foi aí também que cheguei a uma espécie de aceitação: das minhas próprias limitações e do futuro que estava diante de mim. Aprendi que não era invencível nesse momento da minha vida, mas também que não duraria para sempre. Aprendi a descansar e a me render. Aprendi a sonhar. Tirei fotos que imaginei mostrar a alguma futura pessoa, ainda desconhecida para mim, e dizer: *Olha, aqui está você debaixo da aurora boreal.*

Poucos de nós herdam as ricas e complexas mitologias que o povo lapão transmite — a sensação de que o mundo está vivo ao nosso redor e de que há ancestrais mantendo uma vigilância suave, residindo nas rochas em que pisamos, no vento que nos fustiga. A maioria de nós tem que fazer nossa própria vigia, se é que pensamos em fazê-la. No tempo que passei sob as auroras, pensei no primeiro presente de mitologia que poderia passar para meu filho, a semente de sua própria tradição pessoal. *Você, que era tão forte que às vezes pensei que ia me derrotar por completo, cruzou o Círculo Polar Ártico antes mesmo de nascer...*

Antes de irmos embora, escolhemos o primeiro brinquedo que ousamos comprar para ele, um pequeno urso polar de pelúcia, macio e branco, com quatro patas. Ele ainda se chama Tromsø.

Fome

Caminho na geada do final de janeiro e percebo que hoje sou uma loba. Sinto-me tomada pela necessidade de vagar, de sair e perseguir meu território. Sinto uma inquietação no estômago que parece fome.

Sou uma confusão fervilhante de incerteza, minha mente tão cheia de caminhos bifurcados que me preocupo que possa derramar. Quero ser tudo, mas não sou nada. Sou uma tigela vazia, côncava, uma ausência no espaço. Estou de volta aos dias vazios da primeira maternidade, cuidando do meu filho em casa, tentando ser boa, tentando ser abundante de amor e retidão. A boa vontade sempre é escassa comigo, e me sinto exaurida. Vi H sair para trabalhar esta manhã, como se a vida inteira não tivesse virado de cabeça para baixo, e senti que poderia cuspir em sua sombra que se distanciava. Não é culpa dele, sei disso, mas a vida está me ameaçando mais uma vez, e não há outro lugar para desviar a selvageria.

Há um cartão postal acima da minha mesa, uma gravura de William Blake, de um homenzinho que apoiou uma escada esticada até a lua. Ele acabou de botar o pé no degrau inferior;

há uma longa e difícil escalada à frente. Uma legenda diz: "*Eu quero! Eu quero!*". Sempre fui essa figura, tentando alcançar coisas impossíveis. Hoje estou doente por conta desses desejos, tentando canalizar a paciência infernal da maternidade enquanto uma dúzia de histórias se acumulam na minha garganta, incapazes de serem escritas. Temo que possa durar para sempre, que um obstáculo após o outro me impeça de fazer o trabalho que preciso fazer para ficar sã. E, no entanto, agora, livre das tarefas escolares do dia, descubro que aquela bola de ideias se alojou na minha goela e não quer emergir para que eu possa anotá-las. Tudo o que posso fazer é andar. Não tenho mais nada.

O sol está baixo, projetando faixas douradas sobre a grama ressequida que ladeia minha rota. Estou alerta para os pássaros, para a agitação repentina de movimento nas amoreiras vermelhas e nuas. Minha boca anseia, e não sei dizer o que me faria fazer se eu não caminhasse. Embora nunca tenha fumado na vida, quero um cigarro, apenas pelo sentido de ocupação que daria à minha língua e aos meus lábios, apenas pelo sentimento de transgressão. Do contrário, acho que seria uma bebida, a essa hora da manhã. Minha boca quer. Quer a disrupção de um longo e intenso gole, o atordoamento que ele pode trazer. Entendo por que cigarros são um mal menor naqueles momentos sombrios e turbulentos, quando a boca faz uso de qualquer coisa para evitar gritar de dor.

Em vez disso, eu caminho. Aprendi a andar nesses momentos. Aprendi a andar até o calor passar.

Certa vez, conheci um homem que rastreava lobos. Ele apareceu na festa de lançamento de uma antologia que editei, amigo de um amigo. Logo perdi o interesse em qualquer outra coisa que estivesse acontecendo na sala — todos os meus autores cuidadosamente acalentados tiveram que se virar sozinhos. O homem lobo era a única presa na cidade.

Havia algo nele, um olhar forte e intenso que achei totalmente cativante. Ele não fazia uso de nenhum artifício, nenhuma sutileza social. Em vez disso, tinha algo selvagem, elementar. É difícil colocar em palavras sem soar como um romance requentado, em especial quando, depois, à noite, você está tentando explicar seu fascínio por esse homem para seu marido ligeiramente assustado. Mas meu interesse não era romântico — era mais como o chamado da natureza. Pareceu-me que ele era parte lobo; que, em seu tempo vivendo no rastro dessas criaturas que claramente adorava, havia absorvido um pouco de sua essência.

Ele me contou que havia começado sua carreira lupina como pastor itinerante nas montanhas gregas, tentando escapar da pressão de conseguir um emprego adequado. Como era inglês, os lobos nunca haviam feito parte de seu imaginário, mas, ali, eles eram uma ameaça sempre presente, um predador contra o qual ele precisava estar vigilante o tempo todo. Aprendeu que os lobos costumam caçar mais do que podem comer, o que lhes confere a uma reputação de matar por esporte. Ao descobrir um rebanho de ovelhas desacompanhado, uma matilha de lobos provavelmente matará todas elas, em vez de apenas arrebatar uma ou duas. Os lobos decerto podiam ser cruéis de vez em quando, mas o que o impressionava mesmo era a crueldade dos humanos com aqueles animais.

Nosso medo deles — instintivo, ancestral — levava a uma sede de sangue lupino que excedia em muito a ameaça dos lobos contra nós. Os fazendeiros vizinhos nas colinas gregas odiavam os animais e os queriam mortos. As próprias ovelhas tinham uma habilidade fantástica de encurtar as próprias vidas se perdendo em rios ou nas encostas das escarpas, então o impacto da fome dos lobos, ao que parecia, era mínimo; porém, o medo daquelas pessoas não era racional, ele me contou. Se alguém pressionasse os fazendeiros em busca de uma explicação, o argumento sempre se resumia a este: ovelhas são uma coisa, mas dê aos lobos um espacinho a mais e logo estarão apanhando crianças. Era difícil encontrar evidências de que isso acontecesse, mas sempre era motivo suficiente para um abate.

Meu amigo começou a dar mais atenção aos lobos do que às ovelhas. Começou a observá-los, estudar seus comportamentos e hábitos, tornando-se íntimo da matilha próxima, de modo que sentiu que conhecia cada um como um indivíduo. Desenvolveu estratégias para proteger melhor as ovelhas dos lobos e começou a aconselhar outros proprietários de terras próximos sobre como evitar os ataques dos lobos de maneiras mais eficazes e menos dispendiosas do que o abate. *Pensavam que eu estava louco*, disse ele, *mas sabiam que eu estava certo.*

Não mais um pastor, tornou-se um consultor de lobos, viajando pela Europa para farejar o rastro de populações dispersas de *Canis lupus*. Às vezes, era chamado para descobrir se ainda existiam populações em certas regiões; outras vezes, era solicitado a avaliar o tamanho e a resistência de uma matilha e a aconselhar sobre sua preservação. Disse que aprendeu a viver como os lobos, a pensar como eles, a se fundir na paisagem exatamente como eles. Os anos vivendo sozinho em florestas, perseguindo um dos grandes predadores naturais, haviam aguçado seus sentidos a tal ponto que a sociedade humana parecia insuportável. Sem dúvida, havia assumido seus traços, mas ser como um lobo para ele era ficar quieto e vigilante, atento, contido. Enquanto falava, seu olhar era sempre firme, franco. Ao lado dele, me sinto como um ser inteiramente frívolo, totalmente civilizada e ardilosa. Eu era um animal doméstico; ele, um animal selvagem. Uma certa faceta sem amarras tinha nascido de mim.

Algo em que ele passou a acreditar, com todas suas andanças pelo continente, foi que uma coisa era certa na vida dos lobos: onde quer que vivessem, estavam sujeitos ao extermínio. As pessoas falam como se as populações de lobos estivessem diminuindo, disse ele, mas na verdade eles estão sendo brutal e sistematicamente mortos. Mesmo onde são uma espécie protegida, as autoridades desviam os olhos enquanto os animais são presos e baleados, envenenados e espancados. A morte de um lobo costuma ser tratada com rituais supersticiosos, sujeitos a um rigor excessivo que sugere a crença de que os lobos têm poderes sobrenaturais. Eles são, na verdade, o oposto, segundo o homem contou: são animais sensíveis, com emoções delicadas — pais magníficos; filhos devotados. Atacam o gado apenas em extremo desespero. E, se os erradicarmos completamente, então aonde isso nos levará? O lobo faz parte da nossa psique coletiva, tão fundamental para nosso pensamento quanto o sol e a lua.

A lua cheia de janeiro era tradicionalmente chamada de Lua do Lobo, em homenagem à época em que os lobos eram mais propensos a serem expulsos das florestas e irem parar nas aldeias devido à fome. Também marcava o início da temporada medieval de caça ao lobo, quando os filhotes são jovens e as matilhas ficam mais vulneráveis, oferecendo pele de alta qualidade. Há registros de reis anglo-saxões exigindo tributos anuais em peles de lobo dos principais proprietários de terras, ou de criminosos que exigiam pagar sua dívida para com a sociedade em certas quantidades de línguas de lobo. Algumas aldeias cavavam poços profundos para prendê-los; o nome do vilarejo de Woolpit, em Suffolk, deriva de seu próprio *wulf pytt*, ou "poço de lobo". Enquanto isso, na lei anglo-saxônica, um fora da lei era conhecido como *wulfheafod*, ou "cabeça de lobo", porque poderia ser morto por qualquer um sem temer punição. Isso ecoava uma prática antiga de amarrar a cabeça decepada de um lobo ao pescoço de um criminoso condenado e conduzi-lo para o deserto. Transformar o homem em lobo era a degradação final, uma forma de sinalizar a total perda da humanidade e dos direitos que a acompanhavam.

A caça aos lobos nunca foi desencorajada sob o comando dos reis normandos, mas Eduardo I, que reinou de 1272 a 1307, foi o primeiro rei a ordenar o extermínio de todos os lobos na Inglaterra. De sua parte, contratou um sujeito chamado Peter Corbet, caçador de lobos, e o encarregou de garantir a morte de todos em Gloucestershire, Herefordshire, Worcestershire, Shropshire e Staffordshire. As áreas nas imediações das Marcas Galesas — ao longo da fronteira do País de Gales com a Inglaterra — eram vistas como particularmente perigosas. Os lobos resistiram, mas, em 1509, no final do reinado de Henrique VII, foram considerados extintos na Inglaterra, ou pelo menos tão raros que não representavam ameaça. Acredita-se que sua extinção na Escócia tenha ocorrido quase dois séculos depois, com o último lobo morto em 1680; no entanto, aparições foram relatadas até 1888. Por causa de sua incrível capacidade de se fundir na floresta, é sempre difícil dizer se um lobo está lá ou não.

Mas os lobos *ainda* existem. Estima-se que haja 300 mil em todo o mundo e, apesar da perseguição, seu número está aumentando. Quer os vejamos ou não, são um símbolo da astúcia latente e da fome voraz do inverno. Eles perduram como um lembrete do potencial selvagem das terras fora de nossas movimentadas e bem-iluminadas vilas e cidades, da capacidade da natureza de ainda ficar vermelha em dentes e garras.

Os lobos estão por toda parte na literatura de inverno. No romance de John Masefield, *The Box of Delights*, "os lobos estão correndo", representando uma força ancestral que ameaça toda a boa magia do mundo. Em *Nárnia*, de C. S. Lewis, são aliados da Feiticeira Branca, criaturas traiçoeiras e cruéis, motivadas para o serviço do mal por uma mentalidade de matilha. Enquanto isso, no romance de história alternativa de Joan Aiken, *The Wolves of Willoughby Chase*, os lobos são uma incursão do norte selvagem na Inglaterra rural, tendo migrado através do Eurotúnel para escapar do frio intenso da Rússia. Os lobos são os maiores vilões dos contos de fadas, surgindo onde quer que haja uma criatura vulnerável para ser devorada, seja um porquinho ou uma vovó. Em *Game of Thrones*, uma ninhada de filhotes de lobo aparece no início, um prenúncio da ameaça frequentemente anunciada do inverno que assombra todos os personagens.

Sempre que queremos simbolizar a fome da estação fria, recorremos aos lobos. Eles são o inimigo que amamos odiar, a inteligência selvagem que mais tememos. Sua moralidade é mutável; eles fazem o que têm que fazer. No lobo, nos é ofertado um espelho de nós mesmos como devemos ser, sem os confortos e as restrições da civilização.

Nas profundezas dos nossos invernos, todos somos lupinos. *Queremos* no sentido arcaico da palavra, como se algo nos faltasse e precisássemos absorvê-lo para recuperarmos nossa integridade. Esses desejos costumam ser surpreendentemente incorretos: drogas e álcool, que envenenam em vez de reintegrar; relacionamentos com pessoas que não nos fazem sentir seguros ou amados; objetos de que não precisamos e não podemos pagar, que ficam pendurados em nossos pescoços como estorvos, lembrando-nos das dívidas, muito depois de o anseio por eles ter passado. Por baixo desse caos e desordem reside um desejo por coisas mais essenciais: amor, beleza, conforto, um curto período de esquecimento de vez em quando. Com muita frequência, a vida cotidiana costuma ser isolada, sombria e solitária. Um pouco de desejo é compreensível e pode realmente ser um grito de guerra por sobrevivência.

Em *Of Wolves and Men*, Barry Lopez examina o mistério de por que os lobos parecem matar mais do que podem comer. "Os lobos não ficam com fome da maneira como costumamos entendê-la", diz ele. "Seus hábitos alimentares e sistemas digestivos são adaptados para uma existência de altos e baixos, de fartura e de escassez, e para obter e processar grandes quantidades de comida em um tempo relativamente curto. Eles estão quase sempre com fome." Sem saber quando encontrarão a próxima refeição, devem garantir que seus filhotes e dependentes tenham tudo de que precisam. Não conseguir fazer isso pode significar fome em um momento futuro não especificado.

Talvez o lobo seja um arquétipo tão duradouro da fome porque vemos neles um reflexo de nós mesmos em tempos difíceis. No inverno, esse apetite se torna especialmente feroz. Como meu amigo fugaz, o rastreador de lobos, podemos aprender a respeitar nossos lobos. Apesar de séculos de esforços humanos, eles perduram.

Fevereiro

Neve

Muitas vezes ouço falar da nostalgia da neve, do modo como sempre imaginamos que durante nossa infância havia mais neve do que na realidade. Desde que meu filho nasceu, enfim tive um padrão para medir esse fenômeno, e posso dizer com bastante certeza que não tivemos nada além de uma nevinha insignificante nos seis primeiros anos da vida dele. Nós esperamos, impacientes feito crianças. Todos os anos, comprávamos para ele calças quentes acolchoadas com uma jaqueta combinando no início dos meses de inverno, e todos os anos elas ficavam penduradas no cabide, desamparadas. O próprio Bert fala da neve como uma espécie de besta mitológica, semelhante aos dragões que gostaria que existissem, se pudesse. Ele sonha em encontrá-los um dia, mas está começando a perceber que essa é uma expectativa irracional.

Sei com certeza que nunca vi um Natal branco, mas me lembro dos invernos — mais de um, sem dúvida — quando nossa cidadezinha ficou isolada pela neve, com falta de energia e os suprimentos do armazém local cada vez mais escassos. Minha mãe voltou para casa com histórias de uma velha que roubava o pão, como se todos nós fôssemos morrer de fome. As pessoas ficaram na porta da frente para olhar quando o carrinho de leite enfim conseguiu passar.

No inverno de 1987, a neve ficou tão forte que os montes na lateral da rua da minha escola ficaram mais altos que os carros. Os alunos que conseguiram chegar receberam sopa na hora do intervalo para se manterem aquecidos — uma opção de rabada ou tomate, servida em uma caneca plástica. Eu podia usar um suéter branco com gola alta por baixo da camisa e da gravata do uniforme, e minha mãe me deixou usar botas de inverno, dizendo que me apoiaria se os professores reclamassem. Em casa, formaram-se pingentes de gelo tão compridos e grossos que começamos a documentá-los, medindo-os com a fita de costura (acho que um tinha 1,2 m) e quebrando-os para fotografá-los na banheira. Nossa casa não tinha aquecimento central, então todas as roupas molhadas de neve tinham que ser secas em frente à lareira a gás na sala dos fundos, e nós temíamos que o aquecedor Calor Gas explodisse antes do degelo. Não posso dizer que eu ligava. Ficava encantada com a severidade do nosso inverno e seu surpreendente poder de mudança. Queria que ele nunca acabasse.

Ainda mantenho um pouco dessa atitude em relação à neve. Por mais que tente, não consigo produzir a frieza adulta em relação a uma nevasca, cheia de ressentimento com a inconveniência; eu a amo da mesma forma que amo um resfriado forte em segredo: a interrupção irresistível da vida mundana, forçando você a dar um tempo e deixar de lado seus hábitos normais. Sou apaixonada pela transformação visual que ela traz, aquela coloração repetida do mundo em um branco cintilante, a maneira como as regras mudam para que todos digam "olá" quando passam. Adoro o que faz com a luz, as nuvens arroxeadas que espreitam antes de a neve descer e a maneira como se anuncia por trás das cortinas pela manhã, brilhando com uma brancura difusa que só pode significar neve. Amo sair em uma tempestade de neve para pegar os flocos nas minhas luvas, a sensação de senti-la fresca sob os pés. Raramente sou infantil e brincalhona — apenas na neve. Ela me coloca em marcha à ré.

A neve gera essa admiração face a um poder maior que o nosso. É o epítome do sublime, no qual grandeza e beleza se unem para nos dominar por completo — nós, seres humanos pequenos e frágeis.

Eu me deparei com a neve durante toda a minha vida adulta até ter um filho. Encontrei-a de carro em um ano quando estava levando uma cômoda até o lixão municipal; estava tudo correndo bem até que tentei frear no cruzamento com a via principal e deslizei por duas pistas, lenta e imponente feito um navio de cruzeiro — por sorte, não havia outros carros na rua. Eu a encontrei no trem para Paris, quando as linhas congelaram e a neve nos impediu de seguir viagem até a semana seguinte, de maneira que fomos obrigados a dar de ombros e passar mais tempo sentados em cafés elegantes. Tive outro encontro com ela quando me mudei para Whitstable e me vi correndo para uma praia vazia apenas para admirar o mar quebrando na neve.

Bert, no entanto, tem sido uma espécie de mascote contra a neve. Tenho uma fotografia dele quando bebê amarrado na frente do meu corpo e usando um gorro com protetores de ouvido enquanto caminho sobre meros 2 cm de neve, mas é claro que ele não se lembra disso. Comprei um trenó para Bert assim que ele conseguiu andar, pensando que, se esperasse até a neve chegar para valer, todo o estoque da cidade teria sido vendido e restariam apenas bandejas de chá para nós. O trenó nunca foi usado e acabou soterrado no fundo do galpão depois de empilharmos outras coisas em cima dele. Em Whitstable, com seu microclima quente, um trenó é um desperdício de dinheiro. Vez ou outra, sinto-me tentada a levá-lo para ver uma nevasca em uma cidade ou mesmo em um condado vizinho, mas tenho quase certeza de que turismo de nevasca conta como irresponsabilidade parental.

No inverno passado, Bert enfim conseguiu sua neve. Houve um alarme falso numa manhã de domingo, quando os flocos começaram a cair no jardim às 7h e eu corri escada acima para acordá-lo para ver. Vestimos um casaco e um gorro por cima do pijama, calçamos meias grossas e galochas e o levamos para o jardim para brincar na camada pateticamente fina que se formou no gramado. No momento em que tínhamos tomado café da manhã e estávamos prontos para sair a céu aberto de novo, a calçada já estava molhada e escorria gelo derretido das calhas. Fiquei imaginando se esse seria o auge da nossa experiência com neve até o ano seguinte.

Mas então aconteceu: a neve foi prometida durante a noite na previsão do tempo (com a qual nem estávamos contando), e na manhã seguinte ela estava mesmo lá quando acordamos. Desta vez havia uma camada densa no jardim, cobrindo todo o mato e o gramado devastado, tornando sereno todo o lugar. A escola estava em recesso, então vestimos nosso equipamento de inverno e seguimos para a praia, onde a neve formava grandes marshmallows no topo do paredão e a orla do mar cinzento havia se transformado em neve semiderretida. Construímos uma gaivota de neve com um bico feito de galho e uma gravata-borboleta de conchas, e fizemos bolas de neve na praia. Mais tarde, compramos um trenó novo (havia mais que o suficiente em estoque) e o levamos para Tankerton Slopes, que fervilhava de crianças com as bochechas vermelhas, rindo e descendo colina abaixo, para depois subirem de novo, aos trancos e barrancos. Vimos quatro rapazes descendo em um caiaque, que voou do quebra-mar na base da colina em direção à praia mais abaixo.

Um dia de neve é um dia agitado, um feriado espontâneo, quando o jogo tende a virar. Aquele dia, em especial, tinha um pouco do espírito do Halloween e um pouco do Natal. Era selvagem e aconchegante ao mesmo tempo; rebelde e comovente. Ali estava mais um espaço liminar, um ponto de passagem entre o mundano e o mágico. O inverno, ao que parece, está cheio deles: convites fugazes para sair do comum. A neve pode ser linda, mas também é uma trapaceira muito competente. Ela nos oferece um mundo totalmente novo, mas, assim que aderimos à ideia, ela logo vai embora.

Quando vejo neve, imagino Nárnia. De muitas maneiras, C. S. Lewis nos ofereceu o ideal platônico de neve: uma camada branca e espessa perfeita sobre florestas de pinheiros e chalés pitorescos. As crianças a vivenciam como uma transformação repentina, depois de passarem sorrateiramente por um guarda-roupa que contém os casacos de pele quentes e necessários para suportá-la. Em *O Leão, a Feiticeira e o Guarda-Roupa*, a neve é uma boa surpresa, pelo menos por um tempo.

O livro ressoa com os prazeres da neve: a luz amarelada do poste revela a pureza de sua brancura, e somos apresentados a um mundo do qual toda a feiura foi removida, ou pelo menos oculta. A neve dá às crianças a chance de realmente sentirem a hospitalidade aconchegante do sr. Tumnus e dos Beaver, protegidos no brilho da lareira e alimentados com comida infantil. Os habitantes de Nárnia oferecem um calor elevado em contraste com o frio exterior.

Não há dúvida de que devemos perceber de imediato a maldade da Feiticeira Branca, da mesma forma que não podemos deixar de notar seu glamour. Ela é dona de uma beleza gelada, distinta e cristalina, um testemunho do poder de caminhar lado a lado com as adversidades do frio. Ela seduz Edmund com manjar turco e promete a ele poderes mágicos. Sempre achei que ela lembrava o Natal: os doces e a comida, a promessa de presentes, mas também a maneira como isso força as crianças a dançar com a própria ganância por um período, encorajadas a desejar bens mundanos, mas também repreendidas por desejá-los demais e com muita vivacidade. Ela é a metade adulta do Natal, percebida pelos olhos de uma criança, aquele tom ligeiramente amargo que não podem deixar de notar enquanto os adultos lhes ensinam a necessidade de modificar suas exigências, sobre os sacrifícios que estes devem fazer para encenar os sonhos de inverno infantis. Ela é a mãe que se veste para uma festa da qual as crianças são excluídas e deixa a casa com uma maquiagem e um perfume desconhecidos; os adultos, sentados à mesa de jogo com bebidas na noite de Natal, dispensados de suas obrigações cômodas. Ela é um vislumbre dos prazeres adultos que as crianças ainda não sabem desejar.

Mas *O Leão, a Feiticeira e o Guarda-Roupa* não é o único livro que faz a ligação entre a neve e o início do conhecimento adulto. *Os Seis Signos da Luz*, de Susan Cooper, começa com uma forte nevasca, que deixa a família de Will Stanton isolada em sua casa de campo quando o menino está comemorando seu aniversário de 10 anos. Logo, ele viaja para um lugar de magia, profecia e a iminente ameaça do mal, e é o único que pode salvar o mundo. Will amadurece naquele período de neve. O mesmo cenário nos leva a *The Box of Delights*, de John Masefield, onde, durante as férias de Natal, o jovem herói Kay Harker testemunha um mergulho semelhante no tempo. A neve traz não apenas uma caixa mágica que permite que seu portador seja rápido ou pequeno; também traz uma confusão do antigo mundo pagão e das brilhantes certezas do cristianismo. Na neve, o tempo perdeu sua linearidade e a história está acontecendo no presente. Acima de tudo, um jovem é forçado a assumir o papel de um adulto, com seus pais ausentes e seu guardião misteriosamente desaparecido. Na literatura infantil, quando a neve cai é o gatilho para a virada do jogo. Ela cria um momento em que os protetores adultos habituais facilmente se tornam incapacitados e introduz um mundo no qual as crianças são ágeis e selvagens o suficiente para sobreviver. Nas batalhas monumentais que enfrentam, os grandes são humilhados e os fracos ascendem ao poder. Isso pode acontecer apenas nas profundezas do auge do inverno, quando as características comuns do mundo são apagadas. A neve vence o mundano. Leva o dia a dia a uma paralisação brusca e retarda nossa capacidade de lidar com nossas responsabilidades sombrias. A neve abre o reino das crianças, do alto de sua liberdade inesperada, ousadas e impenetráveis ao frio.

Nesse espaço branco cintilante, elas sentem o florescimento do próprio poder.

No segundo dia de neve, Bert não queria se aventurar no frio para brincar. Ele não aguentava mais todas as camadas de roupas, não queria usar gorro e odiava a forma como o vento fustigava seu rosto. Assistimos a *Uma Aventura LEGO* e só ao anoitecer o convenci a sair de novo e aproveitar ao máximo a neve. Caminhamos até a praia, agora banhada por uma luz rosa etérea. Pegadas de cachorro pontilhavam o chão, e as gaivotas pareciam se confinar à faixa nua de cascalho abaixo da linha da maré. Devia ter sido uma semana de vacas magras para elas, acostumadas que estavam a pegar sobras descartadas de batatas fritas das lojas locais e de frutos do mar dos pequenos restaurantes.

Na beira da água, descobrimos que as partes rasas eram espessas e se moviam de um jeito estranho. A água salgada estava quase congelada e parecia neve semiderretida rolando. Bert chapinhou nelas com suas galochas, mas logo seus pés estavam congelando e tivemos que voltar para casa. Durante três anos na memória relativamente recente (1929, 1940 e 1963), o mar em Whitstable congelou por completo. As águas paradas do porto cristalizam-se com ainda mais frequência. Fotografias de 1963 mostram o leito do mar como um descampado de gelo rachado, tal qual um retrato de uma expedição polar particularmente intrépida. Na cidade vizinha, Minster, na Ilha de Sheppey, o mar congelou em ondas, como se mãos invisíveis tivessem, sem mais nem menos, interrompido seu movimento no meio da rebentação. Os moradores andaram de trenós sobre elas, como uma feira de gelo histórica que se tornara real mais uma vez. Alimento uma esperança ardente de que a mesma coisa volte a acontecer algum ano, apenas para ter a chance de testemunhá-la, mas suspeito que não vá ocorrer. Nossas ondas de frio forte estão diminuindo rápido.

Quando acordamos na manhã seguinte, com certeza havia acontecido um congelamento, mas não aquele com que eu havia sonhado. Durante a noite, devia ter caído uma chuva de granizo; não foi quente o bastante para derreter a neve, mas úmida e fria o suficiente para formar uma camada de gelo fino por cima de tudo. Atravessamos a camada quebradiça que cobria a neve. Partes da calçada pareciam ter sido revestidas de vidro. Cada cerca, cada poste de iluminação e cada carro carregavam seu brilho. Eden Phillpotts chamou esse tipo de clima de *"ammil"*, uma corrupção de *"enamel"*, ou esmalte vidrado. Em *A Shadow Passes*, de 1918, ele o descreveu como:

> (...) *um fenômeno de inverno muito raro, produzido pelo congelamento repentino de chuva forte ou neblina. Diferencia-se profundamente de uma geada e cobre árvores, pedras e urzes com algo semelhante a uma camada fina de vidro transparente. Se o sol da manhã brilhar em tal espetáculo, a terra emerge como um sonho estranho e cintilante.*

A formação de camadas de gelo sobre a neve parece menos um sonho e mais um entrincheiramento de hostilidades. Estávamos exaustos quando chegamos à beira-mar. O clima não era mais o provedor benevolente de uma das maravilhas do inverno; tinha se tornado amargo. O céu acima de nós era de um cinza raivoso, e o mar tinha um tom correspondente e feio de cáqui, fustigado por um vento cortante. Tudo no mundo ao nosso redor parecia duro e inadaptável, brutal e perigoso. Agora, a neve não estava fazendo nada exceto tornar nossas vidas mais difíceis.

"Quero que a neve acabe", disse Bert.

"Tem razão", disse eu. "Alguns dias já foram mais do que o suficiente."

"Não sinto falta", diz minha amiga Päivi Seppälä. "É um incômodo."

Estamos tomando café na cozinha de seu bebê, o LV21, um navio-farol flutuante, vermelho-vivo, que ela e o marido, Gary Weston, transformaram em um centro de artes. Está ancorado no Tâmisa, em Gravesend, onde recentemente uma baleia beluga, após migrar dos mares do Ártico, fixou residência. É tentador acreditar que a baleia se estabeleceu lá para se juntar a Päivi, que também vive mais ao sul de sua terra natal.

Päivi é originária de Hamina, uma pequena cidade da Finlândia situada no Báltico, entre Helsinque e São Petersburgo. O lugar fica imprensado entre o mar e os lagos, sobre os quais o inverno cai durante seis meses do ano.

"Quando a neve chega, na verdade é um alívio, pelo menos no início", diz ela. "Com os dias curtos, tudo fica muito escuro. E então a neve cai, e é como se alguém tivesse acendido as luzes." Sua família coloca cortinas de inverno separando os cômodos — não com o objetivo de se aquecerem, mas para tentar deixar entrar a luz que se reflete na cobertura de neve. Toda a vida se concentra em deixar o mundo exterior entrar, em vez de mantê-lo do lado de fora.

A vida no profundo congelamento, como Päivi a descreve, não é cheia de romance invernal; na verdade, é um conjunto de inconveniências e frustrações. Com neve no solo durante três meses de cada ano, as escolas nunca fecham devido ao tempo frio (embora as crianças possam brincar dentro de casa se a temperatura cair abaixo de -25°C), e tirar alguns dias de folga do trabalho não é uma opção. Tudo deve continuar funcionando. Isso significa passar séculos escavando neve da pista e esquentando o carro todas as manhãs, além de se embrulhar em camadas quentes até mesmo para a menor das viagens. Tarefas simples demoram muito e trazem riscos. As estradas são escavadas através de cursos d'água congelados, mas nem sempre são seguras, e as pessoas — incluindo o pai e a irmã de Päivi, em diferentes momentos — às vezes caem no gelo. Todo mundo carrega agasalhos e botas no carro, por precaução. O risco de ficar ilhado é real. Os celulares usam toda a bateria para se aquecer e ficam sem carga tão depressa que são quase inúteis.

Você toma vitamina D e tenta sair de casa o máximo que pode. Algumas pessoas pedalam com pneus especiais para neve; outros esquiam. Manter a casa aquecida significa que sua conta de eletricidade pode disparar para o equivalente a 2 mil libras por mês no inverno. É um mal necessário, mas torna o ar tão seco dentro de casa que a pele resseca e fica descamando. Você bebe litros de café em um esforço para ficar acordado e tenta não sucumbir à cultura da bebida alcoólica, que prejudica a saúde de tantos finlandeses. Quando decide sair à noite, precisa concordar com a política de "nenhuma pessoa será deixada para trás". Desmaiar na neve não é uma opção. Você cresce ouvindo histórias de pessoas que morreram após uma má decisão tomada depois de uma noitada no frio.

Minha tendência de pensar na neve como um alívio leve é um privilégio. Para aqueles que convivem com ela, a neve é um trabalho árduo. A incompetência britânica frente a uma breve onda de frio é piada nacional, mas também um subproduto de não termos que, de fato, fazer um esforço para lidar com ela. Tratamos a neve como um fim de semana sujo e depois voltamos ao trabalho, resmungando sobre a neve derretida misturada com a lama da rua.

"Então não há nada que você goste na neve?", pergunto, um pouco decepcionada.

"Ah, sim", diz Päivi. "Quando está muito frio, a neve faz um barulho adorável debaixo dos nossos pés, e é como se o ar estivesse cheio de estrelas. Sinto falta de poder congelar a roupa no varal."

"Ela seca de verdade?", quero saber.

"Não muito, mas fica com um cheiro incrível depois. Você pode pendurar suas roupas de lã para matar as bactérias, em vez de lavá-las. É bom para elas."

"E vocês ficam em sauna?"

"Ficamos, sim. E às vezes rolamos nus na neve depois. A gente fica com um jardim cheio de anjos de neve toscos. Às vezes, abrimos um buraco no gelo para mergulhar na água. Colocamos tapetes de trapos para os pés não congelarem. Tenho que gritar para entrar, mas é... refrescante. Temos velas, sorvete e café. Todos nós temos nossos mecanismos de enfrentamento."

Penso de novo no que Hanne havia me contado: a maneira como a neve nos aproxima da família, nos obrigando a encontrar momentos de lazer coletivo em ambientes fechados. O verão apenas nos dispersa. No inverno, encontramos uma linguagem de conforto compartilhada: velas, sorvete, café. Sauna. Roupa limpa.

"Mas você não voltaria?", pergunto.

"Não. Isso aqui é muito mais fácil.", diz ela, gesticulando para seu barco, que levou anos de trabalho árduo para ser restaurado, envolvendo enormes sacrifícios sociais e financeiros.

Neste momento, a sobrinha adolescente dela, que veio de Hamina para visitar, entra. "Conte para a Katherine o que você acha do inverno", pede Päivi.

"Odeio", diz Luna. "Odeio o frio."

"Quantas vezes seu carro ficou preso até agora?", questiona Päivi.

"Duas", responde Luna. "Uma vez, tive que ser arrastada do gelo por um trator. Na outra, passei uma hora desenterrando meu carro da neve."

"E ela acabou de tirar a carteira de motorista", diz Päivi, revirando os olhos de leve.

Água Fria

Nos últimos três anos, participei do mergulho anual no mar de Whitstable, no Ano-Novo. É mais ou menos assim: uma multidão se aglomera na praia, andando para lá e para cá o máximo que consegue, então entra correndo na água, gritando, e volta correndo. Tudo acaba muito rápido.

Participo apenas para poder dizer que estive presente. Um complexo labirinto de planejamento vem em primeiro lugar: no primeiro ano, apareci com uma camiseta de surfe e uma roupa de mergulho, um traje de banho por baixo, sapatilhas para usar no mar e um gorro de lã. Desde então, abandonei a camiseta de surfe. Para a saída, levo três toalhas grandes e um roupão, um agasalho esportivo, uma garrafa de chá quente e um Bloody Mary pré-misturado. Não fico na água por mais de quinze segundos. A melhor parte é me vestir de novo, enquanto brindo à minha própria bravura.

Parte do meu sonho de morar no litoral era nadar o ano todo. Li *O Mar, o Mar*, de Iris Murdoch, quando tinha 20 e poucos anos, e sempre pensei que poderia ser o tipo de alma corajosa que entra na água todos os dias e dá algumas braçadas determinadas nas ondas. Se não, de que adiantava estar lá? Eu me dei um desconto no primeiro ano, porque tínhamos chegado na cidade em novembro, e parecia uma má ideia começar quando a água já estava extremamente fria. *Melhor começar no verão e me acostumar aos poucos*, pensei. *Aí mal vou notar.*

Nadei um pouco no verão, mas não o suficiente. Eu não conseguia pegar o jeito das marés, de verdade. Após os primeiros meses, mudamos da nossa casa alugada na praia para algo mais acessível, a cinco minutos de caminhada. Isso significava que em várias ocasiões eu colocava o traje de banho e ia para a praia, apenas para me deparar com o mar tão longe que teria que caminhar por quilômetros de lama para alcançá-lo. Uma ou duas vezes, realizei essa façanha, só para descobrir que a água chegava até os tornozelos. Percebi que precisava de uma tábua de marés, mas em vez de comprar a sensata, que é vendida em praticamente todos os pubs e cafés locais, fui atrás de uma sofisticada em uma galeria de arte, que revelava as marés de toda a Costa Sudeste se eu alinhasse uma roda e a comparasse com uma tabela complicada. Era a maior encheção de saco. Acabei desistindo.

Este ano, minha amiga Emma perguntou se eu a acompanharia em seu mergulho de Ano-Novo, como parte de uma lista de desafios que ela está tentando completar por volta de seu aniversário de 40 anos. Em teoria, eu deveria ser capaz de oferecer o benefício da minha experiência em águas frias, e claro que não queria confessar que essa experiência se reduzia a nenhuma. Havia algo muito diferente em todo o empreendimento, agora que éramos apenas nós duas. Emprestei minha roupa de mergulho extra e garanti que ela sobreviveria. Ao mesmo tempo, senti uma relutância física em entrar no mar. Tive a sensação de que nadar (se é que se pode chamar assim) perto de outros corpos se debatendo nos últimos anos tinha um efeito de aquecimento, o que não teríamos sozinhas. E esse nado exigiria minha própria força de vontade para entrar. No ano anterior, eu só precisei seguir o rebanho.

Acabamos dirigindo a curta distância até a orla marítima, pensando que poderíamos voltar rápido para o carro e colocar o aquecedor no máximo quando terminássemos. Não vou mentir — memorizei os sintomas da hipotermia, só para garantir. Fomos até a praia e fizemos nosso acerto de contas com a água. Estava 6°C e garoando. A água estava mais próxima de 3°C. O céu era de um branco uniforme e o mar, de um cinza agitado. "Certo", disse eu, "vamos lá. Quanto mais rápido fizermos isso, mais rápido vamos voltar para casa."

Emma fez a contagem regressiva — *três, dois, um* — e corremos, tropeçando nas pedras e nas ondas, emitindo um grito de guerra que se transformou em um guinchado quando atingimos a água. Entrei até a altura das coxas antes de decidir me lançar para frente e dar algumas braçadas. Foi quando o frio me atingiu: uma vasta parede amarga que tirou o fôlego dos meus pulmões. Era tão absoluto, tão cruel. Sacudi os braços em uma tentativa débil de nado peito, mas era impossível. A água gelada tinha me puxado com força, feito um elástico quebradiço. Pareceu algo semelhante a medo. Eu não tinha espaço para me mexer ou mesmo para respirar. Era como se o mar tivesse me agarrado com sua mão gelada. Encontrei meus pés e saí correndo da água, com Emma me seguindo de perto.

Depois, enquanto estávamos na praia com toalhas empilhadas ao nosso redor e uma xícara de chá quente nas mãos, algo estranho aconteceu. Olhando de volta para o mar, senti a necessidade de fazer tudo de novo, de voltar e existir naqueles segundos cristalinos de frio intenso. Meu sangue faiscava nas veias. Eu tinha certeza de que poderia conseguir uma segunda vez, poderia tolerar um pouco mais de tempo em meio àquela garra congelada.

"Isso foi incrível", ofeguei.

"O efeito começa assim que me aproximo da praia. Meu corpo sabe o que está por vir e começo a me aquecer. Só de pensar em entrar no mar, minha temperatura sobe de 37°C para 38°C."

Enquanto falo com Dorte Lyager pelo Skype, ela está sentada em seu carro, o rosto brilhando com o que suspeito ser o efeito depois de um mergulho. Ela é uma nadadora experiente em águas frias: entra no mar o ano todo em sua região natal, a Jutlândia, no extremo norte da Dinamarca. E faz isso para sobreviver.

"De 7°C a 8°C é a temperatura ideal", diz ela. "Posso mergulhar a cabeça e me sentir verdadeiramente rodeada de água fria. Quando subo de novo, tudo foi lavado."

Dorte é membro de um Polar Bear Club, um grupo de pessoas comprometidas com a natação no mar durante todo o ano. Cerca de vinte pessoas se reúnem às 7h para nadar. Esses clubes estão espalhados por toda a costa da Dinamarca, geralmente oferecendo vestiários e uma sauna para se aquecer depois. Dorte é sócia há três anos e, embora as circunstâncias que a trouxeram ao clube tenham sido desesperadoras, ela se tornou um exemplo extraordinário da capacidade de passar um tempo no frio.

Depois de ler seu blog, que está cheio de posts de tirar o fôlego falando sobre momentos de êxtase em águas salobras, entrei em contato com ela porque tive a sensação de que a vida havia nos ensinado a mesma lição. Ao abraçar o inverno, em vez de tentar afastá-lo, ambas encontramos uma maneira de seguir em frente. "Em outubro de 2013, eu estava no fim da linha", conta ela. "Há dez anos, sofro de hipermania e depressão recorrentes. Tentei todas as medicações. Meu psiquiatra vivia me dizendo que era uma questão de encontrar a combinação certa; o objetivo era se tornar *rask*. É uma palavra complicada. Significa bem, saudável, mas também fixo. Esperei uma década para que a medicação me curasse. A mudança veio quando parei de acreditar."

Esse ponto crucial para Dorte chegou quando ela encontrou uma nova perspectiva sobre sua situação, que mudou a maneira como a concebia. Sentindo que, mais uma vez, as drogas não estavam funcionando, ela marcou uma consulta com seu clínico geral e por acaso passou com um médico que nunca a havia atendido antes. Ele disse a ela que poderiam continuar mexendo com a medicação, mas isso nunca resolveria tudo. "Não se trata de você ser consertada", explicou ele. "Trata-se de viver da melhor maneira possível com as ferramentas que você tem."

Ele foi a primeira pessoa a dizer isso, e o efeito foi profundo. Talvez um ano antes — quem sabe, até menos do que isso — ela não estaria pronta para ouvir, mas naquele dia ela estava. Devia ter sido devastador encarar a ideia de que sempre seria bipolar; afinal, essa condição tinha um impacto terrível em sua saúde e felicidade. Porém, para Dorte, esse não foi o momento em que ela perdeu as esperanças, mas um convite para enfim se adaptar ao que precisava. "Ninguém nunca me disse: 'Você precisa viver uma vida que consiga enfrentar, não aquela que as outras pessoas desejam. Comece a dizer não. Faça apenas uma coisa por dia e não mais do que dois eventos sociais em uma semana'. Devo minha vida a ele."

Logo estamos tendo o tipo de conversa sem fôlego normalmente reservada para encontros com velhos amigos em vez de uma primeira reunião digital com uma completa estranha, mas aqui, a quilômetros de distância, com o Mar do Norte nos separando, encontrei meu espelho. Nosso contato com o inverno nos aproxima. Logo me encontro interrompendo-a para lhe contar minha própria história sobre ser diagnosticada com Transtorno do Espectro Autista e perceber que não conseguiria sair dessa situação ou encontrar uma terapia para me "curar". A própria perenidade do rótulo — de ter um cérebro que por acaso funciona de certa maneira — me salvou. Tive que me adaptar, que me render. A única coisa que me destruía era fingir ser como todo mundo.

Como eu, Dorte sempre foi o tipo de pessoa que resolve tudo para os outros. Ela não estava apenas tentando sobreviver, mas se esforçando para realizar proezas sobre-humanas de generosidade, acertando as coisas para todas as mães locais, enchendo sua vida familiar com eventos e atividades e constantemente tendo a casa cheia de pessoas. De repente, estava sendo convidada a cuidar de si mesma para sobreviver.

Primeiro, encontrou um spa público e começou a ir lá duas vezes por mês para relaxar. Era caro, mas Dorte sabia que precisava aprender a se cuidar. Ela se sentava na sauna e depois mergulhava na piscina fria, repetindo o ciclo indefinidamente, mas, depois de suas primeiras visitas, percebeu que era o frio que desejava, em vez do calor reconfortante. Algo estava acontecendo com seu cérebro, algo que o fazia parecer claro e calmo pela primeira vez em anos.

"Quando estou estressada, parece que meu cérebro vira mingau e começa a sair pelos ouvidos. Os medicamentos para a bipolaridade nunca pararam essa sensação. A água fria, sim." Bióloga de formação, Dorte começou a examinar as pesquisas recentes sobre sua condição e se deparou com o trabalho de Edward Bullmore, neurocientista de Cambridge que acredita que a depressão seja causada por uma inflamação no cérebro. Nesse contexto, o efeito do frio fazia sentido. "Estou tratando meu cérebro como uma articulação inflamada", diz ela.

Cérebro de mingau é algo que reconheço muito bem — a sensação de que sua cabeça está tão cheia que tudo paralisou. Fico bastante encantada com a ideia de que ele possa ser curado de forma tão simples usando gelo, mas fico curiosa para saber o que ela faz no verão e faço essa pergunta em voz alta. Dorte me conta que comprou para si um velho tanque agrícola e que dirige até o porto local para encher seu trailer com 200 kg de gelo. Ela completa com 400 l de água para criar um banho de gelo cuja temperatura oscila em torno de 3°C a 4°C. Parece um esforço tremendo para fazer algo que a maioria de nós consideraria profundamente desagradável, mas Dorte aprendeu a ansiar por esse momento. "No início", diz ela, "eu só conseguia ficar lá dentro por três minutos, mas fui aumentando pouco a pouco até chegar a meia hora."

Estremeço visivelmente. "Adoro a sensação que isso me dá", diz ela. "Eu me sinto muito calma e relaxada. Minha voz interior não diz: '*Saia!*', como a de todo mundo, mas: '*Finalmente. Até que enfim*'."

"É a distração?", pergunto. "Quero dizer, você se sente tão desconfortável que esquece todo o resto?"

"Não!", responde ela. "Enquanto estou na água, fico rindo sem parar. Todos os meus pensamentos automáticos se desligam. Sempre mergulho a cabeça para ter certeza de que o frio vai chegar ao meu cérebro. E, depois, não consigo lembrar o que estava me preocupando. É como mudar uma chave. É uma coisa física."

Isso não quer dizer que Dorte simplesmente encontrou uma prática terapêutica que mantém seus sintomas sob controle. "Sinto que fui curada", diz ela. "Um episódio bipolar é definido como um surto maníaco que dura pelo menos sete dias e uma fase depressiva que dura pelo menos duas semanas. Agora, fico deprimida por um dia e vou para a praia, e assim lido com a crise."

Ela tem o cuidado de dizer que não busca minimizar ou depreciar o risco que enfrenta, ou o potencial de sua doença para lhe fazer mal de novo, mas Dorte acha tão eficaz essa maneira de mantê-la sob controle — e, ainda por cima, tão prazerosa — que faz tudo parecer fácil pela primeira vez na vida. "Agora penso nisso como uma gripe mental", diz ela. "Eu não a alimento, não finjo e não fico agarrada a ela. Tiro alguns dias de folga e me cuido até estar bem de novo. Vou para o mar, certifico-me de que estou me alimentando bem, cancelo todos os meus compromissos e descanso até melhorar. Sei o que fazer."

Esse regime significa que ela agora alcançou algo que nunca poderia ter imaginado há uma década. "No ano passado, fiquei deprimida de novo. Eu me peguei chorando no caminho para a praia e só me senti melhor voltando para casa. Fui ao psiquiatra e ele sugeriu que eu estava com excesso de remédios e que era hora de diminuir a medicação. Isso me deixou extremamente ansiosa, porque nunca tinha conseguido passar sem os remédios antes, mas planejamos uma diminuição gradual e com acompanhamento, e quanto mais baixa a dose, melhor me sinto."

Ela agora está livre de medicamentos. "Não é uma solução rápida", continua ela. "Para começar, ainda não sou igual a uma pessoa que não tenha esse diagnóstico. Essa foi uma longa jornada para mim, e nadar é apenas uma das mudanças que fiz. Cortei o açúcar, procuro ter bastante tempo sozinha, faço longas caminhadas e parei de dizer sim para todo mundo. Reduzi as horas de trabalho. Todas essas coisas criam uma zona protetora, e digo que gosto de mantê-la ampla. Às vezes, surgem problemas que estreitam essa zona, e então preciso me certificar de fazê-la aumentar de novo. Me manter bem é quase um trabalho em tempo integral, mas tenho uma vida maravilhosa."

Um dia, em fevereiro, fui marcada em um grupo do Facebook cheio de gente desconhecida, com a mensagem: "Acho que este é para Katherine".

Conforme percorro as caixas de comentários, vejo que alguém está tentando formar um grupo de pessoas dispostas a nadar durante todo o ano, qualquer que seja o clima. A maioria dos convidados está dizendo algo como: "Vocês são completamente loucos e, quem sabe, eu possa me juntar a vocês no verão".

Eu digito: "Ah, sim, por favor!".

Encontrei Margo Selby na praia no dia seguinte à primeira neve. Uma pequena rajada caíra na manhã anterior, e, de pé na praia, com um maiô por baixo da roupa, posso ver montes delicados se aglomerando nas bordas das ondas que quebram nos pontos sombreados onde o sol de inverno nunca chega.

"Estou tão feliz por você ter vindo", diz Margo. "Tenho tentado ir sozinha, mas é muito difícil criar coragem toda vez."

Olho para o mar e a praia congelada debaixo dos meus pés e sugiro que isso é um eufemismo. Tem gelo nas algas marinhas. A madeira do quebra-mar está congelada nas frestas. Minha respiração flutua à minha frente em uma nuvem branca ameaçadora. Se não houvesse alguém para testemunhar minha covardia, eu já estaria no café mais próximo, pedindo um chocolate quente; mas aqui estou, segurando a roupa de neoprene e pensando em deixar o gorro de pompom na cabeça enquanto nado. "Não vou ficar por muito tempo", digo.

"Nem eu", complementa Margo. "Quero ir aumentando até chegar a três minutos."

Tiro o casaco e as roupas, e sinto o ar fisgar minha pele nua. Isso é uma completa loucura — não apenas o ato de nadar, mas a compulsão que sinto de fazê-lo, a convicção de que de alguma forma vai me fazer bem, de que é necessário e sábio. Visto a roupa de neoprene e os sapatos, e noto que Margo está vestindo nada além de um maiô e meias pretas.

"São de neoprene", explica ela. "A espessura é de 5 mm." Ela também tem luvas, do tipo que mergulhadores usam. "Perguntei a algumas mulheres que estão nadando no canal. Elas disseram que a gente tem que proteger as extremidades, sabe... Queimaduras por frio."

É melhor não pensar em queimaduras por frio neste momento. Reitero que *realmente* não vou passar muito tempo na água, e nós duas nos voltamos para enfrentar o mar verde-lama. Entrar na água parece completamente impossível, mas logo estamos caminhando em direção ao mar com determinação e minhas canelas estão molhadas, depois, minhas coxas. Caio para a frente, submerjo o corpo e percebo que nós duas estamos vocalizando alguma coisa sem nem mesmo pensar nisso — não gritando exatamente, mas cantando através do ardor do frio, o fôlego roubado de nós. Este não é um lugar para inibição ou resistência. Nós duas falamos para atravessar a excitação do nosso desconforto.

"Respira!", grita Margo. Encho os pulmões de ar e decido que posso sobreviver a três braçadas de peito antes de sair, então é o que faço: *um, dois...* Na verdade, são apenas dois e meio antes de eu ficar de pé e voltar correndo para me aconchegar sob minha toalha. Fiquei ali por talvez 45 segundos, embora pareça que o tempo foi distorcido pela experiência, então poderia facilmente ter sido menos. Observo Margo nadando com a cabeça erguida, uma expressão decidida no rosto e as bochechas inchando com o esforço. Sinto-me segura agora, tendo entrado e saído de novo. Sobrevivi. Em retrospecto, é óbvio que ficar um pouco mais seria apenas uma questão de coragem.

Logo, Margo também sai e fica ao meu lado, se secando. Minha pele formiga com a memória do frio. "Acho que tenho um parâmetro agora", digo. "Saí porque não pensei que fosse possível ficar dentro da água mais tempo, mas, assim que fiz isso, vi que estava tudo bem. Quero voltar."

"Amanhã?", pergunta Margo.

"Amanhã."

No segundo dia, ajusto o cronômetro do celular e descubro que posso ficar por quase cinco minutos se deixar de lado o medo de morrer repentinamente de hipotermia. Fiz minha pesquisa e sei que é um processo mais lento do que isso, o que me proporciona um estranho conforto. Sei que devo sair assim que começar a tremer na água, mas também se voltar a sentir calor. Enquanto estiver sentindo frio, estou relativamente segura. Naquele segundo dia, fico sabendo que as articulações do polegar me darão um sinal claro de quando é a hora de desistir: nesta parte mais descarnada do corpo, os ossos sentem o frio como uma dor aguda, que logo cede quando estou fora da água.

Em Whitstable, você pode nadar apenas nas duas horas do pico da maré, e as marés altas têm um intervalo de doze horas e meia, o que significa que a janela de natação muda uma hora a cada dia. Nosso nado às 11h no primeiro domingo tornou-se um mergulho ao meio-dia na segunda-feira e depois passou por 13h, 14h e 15h, até que os curtos dias de fevereiro nos fizeram nadar quase no escuro. Eu estava determinada a durar a semana inteira, nadando todos os dias para me acostumar, então continuei voltando à praia e lutando contra meu próprio instinto de ficar aquecida e seca.

Ao longo daquela semana, a temperatura do mar oscilou entre 5°C e 6°C, e me acostumei com as estranhas transformações corporais que acontecem na água gelada. Quando você está saindo, sua pele fica vermelha-viva, não da cor de um rubor ou de raiva, mas do laranja-escuro específico de uma sopa de tomate Heinz. Aprendo a amar essa cor, a indicação de que superei algo tão diferente de todo o resto nos meus dias. Quando estou aquecida e seca, sempre começo a tremer de uma forma que não é totalmente desagradável. É claro que meu corpo está se aquecendo de novo, algo que não precisei fazer por anos. Faz com que eu me sinta viva, e não tenho medo disso, porque Margo também sente a mesma coisa. Atirei meu corpo por vontade própria numa espécie de crise para forçá-lo a reencontrar o equilíbrio. É bom testar meus limites físicos de uma forma tão revigorante. O melhor de tudo é que o sangue lateja nas minhas veias por horas depois, como se eu tivesse recebido uma infusão de um soro magnífico.

No quarto dia, tiro a roupa de neoprene e mergulho vestindo apenas o maiô; fico surpresa ao descobrir que me sinto bem. Agora aprendi a respirar durante os trinta segundos iniciais, quando meu peito está tenso; a simplesmente reconhecer o frio. No quinto dia, fico dentro do mar por dez minutos direto, espantada com a rapidez com que me adaptei. Vamos boiando lado a lado na água cinzenta e caímos no padrão que já estabelecemos de tagarelice alegre, apenas deixando o fluxo de consciência seguir seu curso. Para quem vê de fora, devemos parecer avoadas como um par de pipas, vibrando com o maravilhamento do frio.

"Isso é sensacional!", dizemos. "Isso é incrível!" Estamos completamente encantadas com nossa própria bravura, pela forma como saímos do mundo cotidiano e entramos nesse espaço alternativo. Nossa cidade, com todos os seus estresses e responsabilidades, surge do outro lado da praia, mas colocamos uma barreira para impedir que nos atinja por enquanto. Ninguém poderia nos pegar aqui. Ninguém ousaria. As pessoas passeando com cães param na orla para nos observar, apontando e balançando a cabeça. Cruzamos um limite tácito, glorioso e corajoso. Decidimos que gostamos mais de nadar em Seasalter, porque lá na praia deserta, longe das casas e protegidas por um paredão alto, podemos tirar nossas roupas de banho quando saímos e ficarmos nuas enquanto nos secamos. Não tenho o tipo de corpo que me deixa confortável de biquíni em um dia de verão, mas, no inverno, posso mostrar a pele para o mar e sentir que faço parte de seu poder fundamental.

Foi comprovado que a imersão em água fria aumenta em 250% os níveis de dopamina, o neurotransmissor que estimula os centros de recompensa e de prazer do cérebro. Um estudo recente descobriu que a natação regular de inverno reduziu significativamente a tensão e a fadiga, bem como os estados negativos associados à memória e ao humor, e melhorou a sensação de bem-estar geral dos nadadores. Não é surpresa, então, que nos sentimos bem, mas parece que há efeitos maiores do que os fisiológicos. Entrar no mar nos dias em que a temperatura oscilava em torno de 0°C foi um ato de desafio contra nossos próprios infortúnios. Ao fazer algo resiliente, nos sentimos mais resilientes. Esse processo circular de sermos e nos sentirmos resilientes nos manteve à tona.

Eu, que costumo preferir fazer tudo sozinha se puder, vi como isso só foi possível por causa de um contrato entre nós duas. O medo de entrar na água — de até mesmo chegar à praia, antes de mais nada — nunca diminuiu, mas ter uma parceira tornava mais difícil me esquivar. Desafiamos uma à outra a encontrar meia hora em nossas agendas para nadar e lembrávamos uma à outra, em nossos trajes de banho, cada vez mais arrepiadas, que realmente nos divertíamos assim que entrávamos. Sempre parecia difícil de acreditar, mas era um ato de fé que empreendíamos juntas. "De todas as coisas que faço no dia", disse Margo uma tarde, "esta é a única vez em que acho que não deveria estar em outro lugar."

Encontrar os extremos do frio nos atraiu para o espaço mais clichê, o Momento, desviando nossas mentes à força de ruminar sobre o passado ou o futuro, ou de lavrar uma lista interminável de coisas a fazer. Tínhamos que cuidar de nossos corpos ali mesmo, naquele instante, sempre atentas para que o frio não invadisse muito. Mais do que isso, o mar nos oferecia uma infinidade de presentes para observar. Era diferente a cada dia — às vezes cheio de ondas, às vezes plano como um lago. Tornava-se cor de estanho sob o céu claro e cinza-escarpado sob as nuvens de tempestade. Os dias calmos deixavam o mar límpido e azul como o Mediterrâneo. Às vezes, gaivotas de cabeça preta ou gaivotas-prateadas saltitavam ao nosso lado; outras, um corvo-marinho passava voando; e, de vez em quando, um bando de maçaricos-brancos planava baixo sobre a água, cantando ao passar. Um ou outro cachorro nadava para nos encontrar e, um dia, observei, desamparada, um deles sair correndo com minha toalha. Havia dias em que a água parecia sedosa e dias em que era espessa nas bordas, quase feito lama. Começamos a sentir como o mar ficava parado no pico da maré, como se tomasse um instante para respirar antes de começar a recuar de novo. O gosto era mais salgado antes da maré alta e menos depois da virada. Especulamos se o rio estaria diluindo a água do oceano.

Logo, outros se juntaram a nós, atraídos por nosso entusiasmo enlouquecido, e nos tornamos treinadoras, incentivando as pessoas a lutar contra seus medos, ensinando-as a respirar durante aqueles primeiros segundos, a sair quando seus polegares doessem. O mar era como um atalho para a intimidade e, enquanto surfávamos em nossos êxtases de água fria, nos descobrimos colocando para fora todos os problemas do dia a dia. Nadávamos lado a lado com as ansiedades uns dos outros sobre dinheiro, nossos pais, nossos filhos. Dispensávamos as sutilezas sociais e começávamos a conversar assim que entrávamos na água. Deixávamos o frio aliviar nossos invernos pessoais, apenas por alguns momentos, e compartilhávamos livremente os pensamentos mais sombrios e vulneráveis. Conversávamos, mal sabendo os nomes uns dos outros, e então vestíamos nossas roupas e voltávamos para a vida cotidiana, tremendo um pouco, sentindo aquela eletricidade nas veias. A brevidade dos mergulhos era uma janela ideal para soltar a língua e depois mordê-la mais uma vez. Nós abotoávamos as roupas de novo e voltávamos para casa.

No final daquele primeiro mês, acendemos uma fogueira na praia enquanto o sol se punha e secamos sob seu calor enquanto nossos filhos brincavam. Bebemos vinho e torramos marshmallows, e atraímos alguns novos recrutas, completos estranhos que se aproximaram para perguntar: "Vocês entraram? Estava frio? Como conseguem? Posso me juntar a vocês um dia?".

Nós sorríamos e dizíamos: *fique à vontade*.

Março

Katherine May *inverno da alma*

Sobrevivência

Quando era criança, tinha uma cópia da fábula de Esopo, *A Formiga e o Gafanhoto*, em capa dura, amarela e brilhante. Conta
a história de um gafanhoto bastante despreocupado que passa
o verão observando as formigas trabalharem para armazenar
comida para o inverno. Enquanto isso, ele relaxa ao sol e de-
dilha seu violão. Na minha edição, ele era um produto de seu
tempo: a própria imagem do hippie avesso ao trabalho, presu-
mivelmente conjurado na década anterior ao meu nascimento
para ilustrar os perigos do desejo de se plugar, ligar e largar.*

Na minha memória, o gafanhoto zomba da formiga enquanto observa o esforço intenso que acontece ao seu redor: *Ei, cara, por que você está tão ocupado? Por que não fica só curtindo
o lindo verão?* A resposta da formiga fica clara apenas quando
chega o inverno e o gafanhoto está morrendo de fome, todo

---

* Alusão a *"Turn on, tune in, drop out"* [plugue-se, sintonize-se, abandone],
  um slogan associado à contracultura e popularizado em 1966 por
  Timothy Leary (1920-1996). Ícone dos anos 1960, Leary ficou famoso
  como um proponente dos benefícios terapêuticos e espirituais do LSD.

encolhido contra os ventos invasores: os sábios não têm tempo para as trivialidades do lazer; eles estão engajados no negócio da sobrevivência.

Agora sei que essa versão foi bastante expandida do original de Esopo, que é compacta ao ponto de ser brutal. Nela, não encontramos o verão do gafanhoto, mas desembarcamos direto no inverno, quando as formigas estão ocupadas secando os grãos que armazenaram desde o verão. O gafanhoto simplesmente passa e, faminto, implora por comida. Na tradução de George Fyler Townsend, publicada em meados do século XIX e considerada a edição padrão em inglês, as formigas (que falam como um coletivo) são contundentes em suas respostas:

"Por que você não armazenou comida durante o verão?", perguntam elas.

"Eu não conseguia parar de me divertir", diz o gafanhoto. "Passei os dias cantando."

"Se foi tolo o bastante para cantar durante todo o verão", as formigas provocam, "você deve dançar sem jantar para dormir no inverno."

Mesmo quando criança, lembro-me de ficar indignada com o comportamento das formigas. Parecia que a moral da história estava errada. Ainda sinto o choque disso agora, a brutalidade daquelas formigas e a simples necessidade do gafanhoto. Aquilo ia contra tudo o que tinha aprendido na escola sobre caridade. Afinal, ele fez apenas o que um gafanhoto deveria fazer, que era cantar, e as formigas, por sua vez, cumpriram seu próprio imperativo biológico. Na pior das hipóteses, ele só cometera um pequeno erro, que dificilmente iria se repetir de novo, mas sempre me ocorreu que as formigas haviam perdido uma oportunidade de fazer uma troca produtiva — o entretenimento de um gafanhoto cantor enquanto trabalhavam em troca de uma pequena quantidade de comida no inverno.

Para mim, agora adulta, a história assume um tom ainda mais sombrio, afinal, o gafanhoto não é uma criatura que sobrevive ao inverno; ele tende a sobreviver apenas geneticamente, na forma de ovos. As formigas, portanto, não estão sendo solicitadas a sustentar um corpo *extra* durante todo o inverno — elas estão negando o pedido final de uma criatura moribunda. Esopo sabia disso? A história, em parte, tenta explicar o desaparecimento dos gafanhotos durante o inverno? De qualquer maneira que se analise, as formigas são mesquinhas e hipócritas.

O gafanhoto é um símbolo de uma variedade tão grande de demônios populares — o vagabundo universal, o perdulário, as pessoas que se recusam a achar que as regras se aplicam a elas, e aqueles que levam a vida na flauta, os que sobrevivem exclusivamente com o esforço dos outros — que é difícil saber por onde começar. Sua identidade muda, acredito, a cada geração, cada classe social, cada cidade, grande ou pequena, sentindo suas próprias ameaças.

As formigas, por sua vez, são estáticas, os cidadãos simples que se comportam. Elas economizam para as emergências, em vez de depender da ajuda de terceiros, guardam para si mesmas e cuidam de si próprias. São uma projeção de como tantas vezes pensamos que devemos viver, mas também um modelo para uma vida que falhamos coletivamente em alcançar, de novo e de novo, em toda a história da humanidade. As formigas não são reais, não em larga escala; elas são um *se ao menos...* Se ao menos todos pudessem ser formigas. Se ao menos todos fôssemos responsáveis e pensássemos sobre o futuro. Se ao menos a vida fosse tão estável, feliz e previsível a ponto de produzir formigas em vez de gafanhotos, ano após ano.

A verdade é que todos nós temos anos de formigas e anos de gafanhoto — anos em que podemos nos preparar e economizar, e anos em que precisamos de uma ajudinha extra. Nosso verdadeiro defeito não consiste em deixar de armazenar recursos suficientes para fazer frente aos anos de gafanhoto, mas em acreditar que cada ano de gafanhoto é uma anomalia, vivenciada apenas por nós, devido às nossas falhas humanas únicas.

Em setembro, fui dar uma volta atrás do estúdio onde escrevo. Tenho o que basicamente é uma baia em um celeiro, ocupado, em sua maioria, por artistas visuais. Na verdade, não tenho justificativa para ter mais espaço. Só preciso de uma estante e uma base estreita para apoiar o laptop. De qualquer modo, tendo a passar mais tempo caminhando do que realmente escrevendo, vagando pela fazenda e pelos campos além, onde posso entrar na North Downs Way e caminhar até Canterbury em uma hora, se quiser. Se eu for na direção oposta, há uma série de pequenos pubs de interior, onde posso sentar por um tempo e fingir que estou descansando e pensando com mais clareza.

No entanto, na maior parte do tempo, costumo sair para tomar ar por um tempinho antes de retornar à tela. Em uma direção, há uma plantação de nozes; em outra, arbustos de cassis. E há fileiras e mais fileiras de macieiras: foi para lá que segui naquele dia, passando pelas caixas de madeira empilhadas que pareciam prontas para reabastecer o mercado com frutas, por um canteiro de grama alta pontilhada pelos esqueletos de várias umbelíferas, agora desnudas e na forma de frágeis estrelas. O sol não atinge esse local até a tarde, e um forte orvalho cai no lugar, iluminando as teias de aranha e lustrando as maçãs.

Eu estava indo na direção de uma fileira de colmeias, tantas vezes o propósito da minha caminhada. Durante todo o verão, eu gostava de ouvir seu zumbido e observar a comoção laboriosa ao redor delas, mas naquele dia percebi algo ligeiramente diferente. Havia uma folha de jornal dividindo a colmeia, separando a metade superior da inferior. As abelhas flutua-vam em volta do jornal como se estivessem em fios invisíveis, zumbindo nas linhas rígidas de seu voo. Outras se agrupavam na parte de cima, rastejando sobre a superfície do papel, ex-plorando a divisória que ele tinha criado em sua colmeia. Elas estavam claramente curiosas. Eu também estava. O que uma folha de jornal poderia fazer por uma colônia de abelhas?

Quando perguntei no Twitter, parecia que todos sabiam a resposta, menos eu. O tratador estava combinando duas colmeias, resgatando as abelhas mais fortes de uma colônia fraca cuja rainha estava começando a perecer e que poderia não sobreviver ao inverno. A parede de papel permite que essas abelhas se juntem a outra rainha sem gerar o tipo de conflito que poderia causar danos às duas colônias. O pro-cedimento funciona assim: o apicultor empilha uma colônia enfraquecida em cima de outra forte, com o papel no meio. As abelhas cheiram umas às outras e começam a mastigar o papel, e, ao terminarem a tarefa, as mais fracas terão senti-do o cheiro de sua nova rainha e perderão o interesse em lu-tar. No momento em que o apicultor abre a colmeia de novo, nada resta do jornal, exceto um anel onde as duas caixas da colmeia se encontram, e os dois grupos de abelhas estarão convivendo em harmonia.

Mas o que chamou minha atenção foi um comentário de Al Warren, um homem tão entusiasmado com a apicultura que conseguiu persuadir sua escola primária local a hospedar três de suas colmeias. "Normalmente não me dou ao trabalho de usar o método do jornal", diz ele. "As abelhas têm formas bas-tante infalíveis de sobreviver ao inverno por si mesmas. Elas são máquinas de inverno." Mais tarde, ele complementa sua explicação: "Não pense nas abelhas como indivíduos. Uma co-lônia é um único superorganismo: elas agem como uma só".

E, embora seja fácil pensar nas abelhas como seres de verão, acostumadas a rodear flores em dias quentes, o ano inteiro é orientado na direção oposta.

A maior parte da atividade de uma abelha é direcionada à sobrevivência de sua colônia ao inverno. Elas passam metade do ano se preparando para esse momento e a outra, vivendo-o. Todo mês de abril, emergem da colmeia e começam tudo de novo.

Uma colmeia consiste em algo em torno de 30 a 40 mil abelhas — uma rainha, algumas centenas de machos zangões e dezenas de milhares de abelhas operárias fêmeas, além de muitos mais ovos e larvas. O único papel dos zangões é se acasalar com a rainha no início da vida dela; depois disso, ela armazena milhões de espermatozoides em seu corpo e os usa para botar cerca de 2 mil óvulos fertilizados por dia. As operárias realizam todas as outras tarefas, trabalhando por meio de uma lista definida de funções nos diferentes estágios de suas vidas. Quando são jovens, mantêm a colmeia limpa; depois, passam para uma sucessão de outras funções, dependendo de sua experiência e disponibilidade. Elas cuidam das larvas, das abelhas jovens e da rainha; colocam néctar nos alvéolos; produzem cera para construir um novo favo de mel; elaboram o próprio mel e servem como guardiãs. O papel final de suas vidas é sair em busca de alimentos, porque essa é a tarefa mais perigosa de todas, e as abelhas mais velhas são dispensáveis. É provável que só avistemos abelhas velhas enviadas em missões arriscadas para coletar néctar a fim de obter carboidratos e pólen para proteínas. Al diz que é possível saber a idade de uma abelha pela intensidade de sua picada — as abelhas mais velhas têm um veneno muito mais potente. Parece justo, dados os riscos que têm de correr.

As abelhas alcançam essa ordem social cuidadosamente equilibrada comportando-se como células de um corpo maior. "Você ou eu", diz Al, "temos órgãos que se autorregulam. Não precisamos nem pensar em todas as coisas que nos mantêm vivos; elas apenas acontecem. Isto é exatamente o que uma colmeia faz: ela se mantém viva." As necessidades da colônia são comunicadas por feromônios, vibrações e toques, para que os indivíduos possam atender às suas necessidades. Tudo é automático; o motor se mantém, e é quase à prova de falhas.

Para armazenar uma fonte de carboidratos para o inverno, as abelhas produzem mel. Se simplesmente armazenassem o néctar, ele fermentaria, então elas produzem uma enzima que transforma o néctar em mel ao dividir as moléculas para extrair a maior parte da água. Se uma abelha chegar ao favo de mel e encontrar todos os alvéolos cheios, seu abdômen protuberante acionará a produção de cera para que ela possa imediatamente construir um novo alvéolo. Nada na colmeia é deixado ao acaso. Se, por exemplo, morre uma abelha babá, as larvas deixadas vão emitir um feromônio que faz com que cada abelha adulta regrida um estágio para que a função de babá seja mais uma vez cumprida. Às vezes, pensamos nas abelhas como modelos de boa administração, mas elas são mais eficientes que isso. "Se você cortar o dedo", explica Al, "seu corpo destacará automaticamente as células certas para curá-lo. É o mesmo com as abelhas."

Todo esse esforço gigantesco — o trabalho coletivo de um número insondável de abelhas — é direcionado ao inverno. Elas desenvolveram uma maneira engenhosa de se manterem aquecidas. A abelha pode desconectar as asas de seus músculos de voo — como se colocasse o carro em ponto morto — e então acelerá-los para se tornar uma abelha aquecedora. Nas profundezas da colmeia, no inverno, as abelhas se aglomeram para reter o calor, e essas criaturas de sangue frio se revezam, atuando como pequenos radiadores, às vezes alcançando 45°C, sete graus acima da temperatura do corpo humano. Mesmo nos dias mais frios, uma colmeia mantém uma temperatura de 35°C no centro. Quando cada abelha aquecedora fica exausta, outra assume seu lugar. O superorganismo é mantido até a primavera. O mel abastece todo o processo.

Há poucas evidências de abelhas quando caminho pelos pomares nos fundos dos estúdios dos artistas neste árido dia de março. As macieiras ainda não floresceram e o sol brilha tênue por entre os galhos. Hoje é um dia difícil; é meu último aproveitando o minúsculo escritório de escrita, com suas paredes amarelas e senso de propósito. Consumida pela vida em casa, não consigo mais fingir que estou ganhando meu sustento, então não posso justificar o aluguel. Enquanto caminho, percorrendo os limites de um território que estou prestes a perder, me pergunto se este será o inverno que finalmente me engolirá.

Mas então chego às colmeias e me pego imaginando a vida agitada lá dentro; silenciosa e imperceptível, a máquina de inverno está começando a engrenar.

Mesmo enquanto escrevo sobre as abelhas, estou insistindo comigo mesma para ser cautelosa. É muito fácil vê-las como pequenas analogias para os seres humanos, o puro alvoroço da colônia de abelhas servindo de exemplo para todos nós. Seria muito simples cair no velho tema desgastado: as abelhas são modelos de indústria, seja mais como elas.

De fato, o sociobiólogo E. O. Wilson sugere que somos mais semelhantes às abelhas do que a maioria das pessoas ousaria imaginar. Ele oferece abelhas e formigas como exemplos primordiais de criaturas eussociais — isto é, aquelas que organizam seu trabalho cooperativamente para o bem maior de sua sociedade — e sugere que os humanos apresentam um comportamento similar, apenas organizado de maneira diferente. Os seres humanos podem cuidar de suas atividades diárias sem a ajuda das trilhas de feromônios ou das especializações físicas que encontramos nos insetos sociais, mas Wilson acredita que nossa tendência à cooperação é igualmente inata.

A ideia da máquina humana — uma ordem natural das coisas que poderia funcionar tão bem quanto uma colmeia se ao menos pudéssemos eliminar os maus hábitos que adquirimos ao longo de nossa existência neste planeta — há muito tempo atrai um grande número de pensadores, tanto à esquerda quanto à direita do espectro político. Quer sua preferência tenda para a eficiência militar, sem espaço para a necessidade lamuriosa de indivíduos, ou para estruturas planas e igualitárias, nas quais todos obtêm o que precisam em vez do que desejam, há uma metáfora da colmeia para você. No conto "Bee Wise", por exemplo, a autora socialista Charlotte Perkins Gilman imaginou uma sociedade idealizada, fundada por mulheres, onde o trabalho doméstico era compartilhado em grande escala e a cuidadosa indústria feminina produzia couro, algodão e frutas de qualidade superior, mas, quando se tratava de casamento, seus homens tinham que "provar saúde limpa — pois uma elevada classificação da maternidade era o ideal contínuo do grupo". Na outra ponta do espectro político, Benito Mussolini gostava de evocar a colmeia para descrever o funcionamento ideal do fascismo. "É comum falar do objetivo fascista como o 'estado colmeia', o que é uma grave injustiça com as abelhas", escreveu George Orwell em *O Caminho para Wigan Pier*. "Um mundo de coelhos governado por arminhos estaria mais perto do alvo."

Antes de ficarmos muito encantados com a eficiência mecânica da colmeia humana utópica, devemos lembrar como é a vida real das abelhas. Elas são, de fato, surpreendentes. Sua especialização — na verdade, sua pura determinação em sobreviver — é milagrosa, mas suas vidas também estão cheias de uma eficiência cruel. No meio do inverno, a área ao redor da minha colmeia favorita está repleta de cadáveres de abelhas que não eram mais úteis — as mais dispensáveis, que foram enviadas na perigosa missão de coletar alimento, e os zangões que foram ejetados da colmeia no final de sua vida útil.

Não aspiremos a ser como formigas e abelhas. Podemos extrair admiração suficiente de seus intrincados sistemas de sobrevivência sem seguirmos seu modelo de forma indiscriminada. Os humanos não são eussociais — não somos unidades sem nome em um superorganismo ou meras células dispensáveis quando chegamos ao fim de nossas vidas úteis. A vida de um inseto sociável nada tem a dizer sobre nós. Nossas vidas assumem formas diferentes. Não trabalhamos em uma progressão linear por meio de papéis fixos como as abelhas. Não somos consistentemente úteis para o mundo em geral. Falamos sobre a complexidade da colmeia, mas as sociedades humanas são muito mais complexas, cheias de escolhas e erros, períodos de glória e épocas de desespero absoluto. Alguns de nós fazem contribuições elaboradas e bastante visíveis para o todo; já outros fazem parte da mecânica do tique-taque do mundo, a riqueza incremental de pequenos gestos. Tudo isso importa. Tudo isso compõe o tecido mais amplo que nos une.

Na colmeia eussocial, apenas um único inverno resultaria em ser afastado em razão de um bem maior. E pode muito bem ser verdade que uma abelha não consiga se recuperar, mas um humano, sim. Podemos passar por anos em que nos sentimos uma presença negativa no mundo, mas somos capazes de voltar. Podemos retornar aos amigos e à família não apenas restaurados, mas capazes de agregar mais do que antes: mais sabedoria, mais compaixão, uma maior capacidade de alcançar profundamente nossas raízes e saber que encontraremos água.

Utilidade é um conceito inútil quando se trata de humanos. Não acho que devemos pensar nos outros em termos da utilidade que eles têm para nós. Mantemos animais de estimação pelo prazer de cuidar deles; alimentamos bocas extras de bom grado e recolhemos excrementos em saquinhos plásticos, dizendo que é relaxante. Canalizamos nossa adoração para os cidadãos mais indefesos de todos — bebês e crianças — por motivos que nada têm a ver com sua utilidade futura. Nós prosperamos cuidando, distribuindo amor. Os membros mais desamparados de nossas famílias e comunidades são o que nos mantêm unidos. É assim que prosperamos. Nossos invernos são a cola social.

As formigas não estão totalmente erradas. O inverno traz seus próprios labores, e preparativos podem ser feitos para futuros períodos de escassez que ainda não conseguimos imaginar. Sempre fomos instruídos a economizar, é claro, embora muitos de nós achemos impossível esticar tanto o orçamento hoje em dia. Mesmo quando deixamos dinheiro na reserva, ele pode ser de uso limitado. Minhas próprias economias foram destruídas em um único golpe bastante brutal, quando uma gravidez adoentada me deixou sem condições de trabalhar e, depois, quando as creches custavam mais do que eu ganhava. Não é preciso muito, apenas coisas comuns e nada mais. As margens da vida adulta são estreitas.

Mas as obras do inverno são mais complicadas do que a simples acumulação de suprimentos, que se esgotam até que o verão os reabasteça. Confinados em nossas colmeias, com ventos frios soprando no telhado, somos convidados à indústria da estação escura, quando não há mais nada a fazer a não ser manter nossas mãos em movimento. O inverno é uma época para as artes tranquilas da criação: tricotar e costurar, assar e cozinhar, consertar e restaurar nossas casas.

No alto verão, queremos estar ao ar livre e ativos; no inverno, somos chamados para dentro, e aqui cuidamos de todos os detritos dos meses de verão, quando estávamos muito ocupados para tomar os devidos cuidados. O inverno é quando reorganizo as estantes e leio todos os livros que adquiri no ano anterior e não consegui ler de fato. É também o momento em que releio romances queridos, pelo prazer de me reaproximar com velhos amigos. No verão, quero ideias grandes e espalhafatosas e best-sellers de qualidade duvidosa, devorados enquanto relaxo em uma cadeira de jardim ou empoleirada em um dos quebra-mares na praia. No inverno, desejo conceitos para serem ruminados à luz de uma luminária — leitura lenta e espiritual, um reforço da alma. O inverno é uma época para bibliotecas, o cheiro abafado das estantes de livros e o de páginas velhas e poeira. No inverno, posso passar horas na busca silenciosa de um conceito parcialmente compreendido ou o detalhe de uma história. Afinal, não há outro lugar para estar.

O inverno abre o tempo. "[Há] o fazer nada",* como Sylvia Plath observa em seu poema "Wintering". "Esta é a hora de esperar as abelhas", diz ela, depois de coletar o mel, que agora está em potes enfileirados — seis deles — em uma prateleira de sua adega, enquanto se alimentam de calda de açúcar. No vazio que o inverno traz, Plath se aninha em seu porão, escolhendo as sobras das posses de ex-inquilinas com sua lanterna amarela e encontrando apenas "Tolice negra. Decadência. Posse." — ela se pergunta se a colmeia sobreviverá.

Como se sabe, Plath não sobreviveu ao seu inverno. Ela escreveu "Wintering" no fim de sua vida, e isso marcou o fim de seu próprio rascunho de *Ariel*, sua coleção icônica de amor e desespero, esperança e perda, antes de ser reeditada para publicação por seu marido, Ted Hughes, após o suicídio

---

* Os trechos do poema "Wintering" (1962) foram traduzidos livremente.

de Plath. "Wintering" nos leva para as profundezas da escuridão, para as entranhas da casa, "o preto amontoado lá como um morcego". Sempre acho um poema difícil de ler. Sua sintaxe nunca se encaixa perfeitamente aos meus olhos; as sentenças serpenteiam por versos e estrofes, e os significados se confundem feito um borrão. Nele, encontro uma espécie de desordem, como se nos encontrássemos jogados no meio de um processo de pensamento cujo início e fim não conseguimos discernir.

Na versão de *Ariel* de Hughes, chegamos, por fim, a dois poemas que ganham ressonância extra após a morte da autora: "Edge", que às vezes parece fetichizar uma morte que já ocorreu, e então, como uma coda, "Words", que encontra uma espécie de quietude na morte, mas este é um memorial, arrumado como uma coroa de flores depois que a autora se foi, talvez com a intenção de dar sentido à tragédia; talvez, como algumas feministas costumam argumentar, sinalizando o desejo de Hughes de controlar a narrativa de Plath mesmo após a morte. De qualquer forma, a própria Plath nunca teve a intenção desse final. Da forma como pretendia, *Ariel* seria concluído em uma nota totalmente mais leve, o retorno da vida: "As abelhas estão voando. Elas têm o gosto da primavera".

Nas profundezas de seu próprio inverno, Plath parece encontrar uma maneira de sobreviver por meio do trabalho — o trabalho feminino, o tipo que exige horas tranquilas em casa. "O inverno é para as mulheres", diz ela no poema. Talvez seja um momento em que as artes femininas ganhem espaço, mas ela também está comentando, acredito, sobre os tempos difíceis pelos quais as mulheres são capazes de sobreviver. Isso me deixa desejando que houvesse mais para ela fazer: mais mel para produzir; mais abelhas para alimentar.

Os instintos de Plath de manter as mãos em movimento no inverno se mostraram corretos. Um estudo recente descobriu que o tricô pode baixar a pressão arterial tanto quanto a ioga e também pode ajudar a aliviar dores crônicas ao liberar serotonina. A instituição de caridade *Knit for Peace* conduziu uma pesquisa sobre os efeitos benéficos do artesanato para a saúde e descobriu que ele trazia uma série de efeitos positivos, incluindo manter a nitidez mental, ajudar os fumantes a parar de fumar e reduzir a solidão e o isolamento em idosos. Eles prosseguem argumentando que o artesanato deveria ser prescrito em receitas médicas.

Enquanto me envolvo nos labores do meu próprio inverno, posso não ter tempo para a grande obra que anseio empreender, mas ao menos posso manter as mãos em movimento. Pego minhas agulhas de tricô pela primeira vez em anos e faço uma série de gorros meio tortos que usam seus pontos soltos como emblemas de honra. É bom estar fazendo algo, mesmo quando minha contribuição para o mundo parece muito pequena. Isso me permite imaginar que sou parte máquina, fluida e eficiente. E, enquanto tricoto, sonho em ter minha própria colmeia um dia, produzir potes de mel e percorrer o jardim até ela no auge do inverno, para sentir o zumbido da vida dentro de mim.

Música

Na época em que o inverno está mais forte, o pintarroxo começa a cantar.

Avistei um no jardim em janeiro, empoleirado na cerca ao lado do loureiro, a cabeça inclinada, os olhinhos inteligentes me examinando. Seu peito — de um rico laranja em vez de vermelho — brilhava como uma frutinha silvestre contra os verdes e marrons apagados do meu jardim adormecido.

Ele veio da casa ao lado para ver o que estou fazendo. Não alimento pássaros no meu próprio quintal, porque tenho gatas e me sentiria como se estivesse preparando algum tipo de armadilha terrível, mas minha vizinha alimenta, e às vezes tenho chapins-azuis e pintassilgos empoleirados no seu comedouro suspenso, provavelmente esperando que eu seja tão generosa quanto ela. E o melhor de tudo é que agora recebo o pintarroxo, que parece ter vindo só para socializar.

Pintarroxos são sempre os passarinhos mais amigáveis, felizes em voar perto dos jardineiros na esperança de pegar as minhocas desenterradas. Mais do que qualquer outro pássaro, eles parecem ter percebido que não somos uma grande ameaça, mas potenciais provedores de recompensas. Ao mesmo tempo, também parecem sentir algum tipo de fascínio por nós, nos observando com a cabeça inclinada, como se perguntassem: "O que você está fazendo?". A história está repleta de pessoas que desenvolveram amizades duradouras com os pintarroxos, que às vezes duram anos. Alguns suspeitam que seja uma ilusão criada pelo fato de todos da espécie serem amigáveis e parecidos, mas pelo menos algumas almas pacientes parecem ter domesticado seu pintarroxos de jardim. O ator Mackenzie Crook tem um companheiro pintarroxo chamado Winter George. "Ele nem ligava de entrar em casa", escreveu Crook no *Telegraph,* em 2017, "empoleirava-se no meu ombro e gritava comigo enquanto eu cozinhava para minha família. Ele é brilhante e destemido, e agora temo o dia em que não vá aparecer." Crook domesticou o pintarroxo pouco a pouco enquanto cavava seu jardim, primeiro jogando-lhe minhocas e, por fim, persuadindo-o a pegar uma centopeia em seus dedos. Depois disso, Crook comprou larvas-da-farinha vivas na loja de animais próxima e persuadiu o pássaro a ir até a porta dos fundos. Winter George é agora uma figurinha carimbada na casa de Crook e já criou vários filhotes no jardim do ator.

Para minha tristeza, ainda não fiz amizade com um pintarroxo, mas sempre os vejo como os líderes de torcida da família dos pássaros. Eles têm o hábito de aparecer quando alguém está para baixo, como se para encorajar você a continuar, lembrando que ainda existe um pouco de magia no mundo. Eu costumava correr (ou tentar) por uma longa trilha entre Whitstable e Canterbury, e havia um ponto em que cambaleava até o topo de uma colina e sentia como se não fosse conseguir fazer mais nada além de desmaiar atrás da árvore mais próxima. Eu diminuía o passo e me perguntava por que diabos me colocava naquela situação; nesse momento, um pintarroxo sempre aparecia à minha frente. Eu ofegava: "Olá, velho amigo", e sorria, e era difícil não vê-lo como um presságio de que eu deveria persistir. Ele voava pelos galhos ao meu lado até a hora de dar a volta e ir para casa.

Pintarroxos foram associados ao inverno pela primeira vez na época vitoriana, como as estrelas da nova moda para os cartões de Natal. Isso pode ter sido um tipo de piada — os mensageiros que os entregavam eram conhecidos pelo nome do pássaro por causa de suas jaquetas vermelhas, mas os cartões provavelmente se referem a uma associação anterior entre o pintarroxo e o nascimento de Cristo. Uma história tradicional é que ele ganhou seu peito vermelho na manjedoura, onde viera para vigiar o menino Jesus. Ele percebeu que o fogo estava alto demais e se colocou entre as chamas e o bebê adormecido. Seu peito foi queimado até ganhar o vermelho profundo que transmitiu aos seus descendentes.

Mas a ligação do pássaro com o Natal também pode ter origens mais óbvias. Acontece que simplesmente os pintarroxos parecem estar por perto em uma época na qual outros pássaros não estão. Eles não migram, e sua plumagem brilhante e hábitos amigáveis os tornam mais perceptíveis do que outros pássaros. E eles costumam cantar durante os meses mais sombrios.

Outros pássaros cantam no inverno também, mas em geral são notas defensivas, destinadas a afastar predadores. Pintarroxos, no entanto, se envolvem em canções completas e complexas durante os meses mais frios, quando é muito cedo para considerar a reprodução. Um ornitólogo descobriu que eles cantam assim que os dias começam a ficar mais longos, desde que tenham energia de sobra. Um pássaro bem alimentado — aquele que acumulou gordura suficiente para sobreviver aos meses magros de inverno e encontrou uma fonte confiável de comida para completar suas reservas — cantará bem antes do tempo que espera que as fêmeas ajam em resposta à sua exibição. Na biologia evolutiva, isso é conhecido como sinalização custosa, um gesto que anuncia força e vitalidade superiores, mas por sua própria natureza é potencialmente perigoso para a criatura. Um pintarroxo canta no inverno porque pode e quer que o mundo — ou, pelo menos, as fêmeas — saibam disso, mas ele também está praticando para tempos mais felizes.

Um ano depois de ter meu filho, perdi a voz. Com isso, não quero dizer que a perdi por completo; em vez disso, ela se tornou fraca e fina, trêmula nas bordas. Se eu falasse por qualquer período de tempo, ela começava a falhar e, em seguida, ia e voltava como um microfone defeituoso. Sentia cócegas na garganta. Eu tossia, mas não adiantava nada. Por fim, a garganta silenciava, enquanto eu engolia, bebia água e tentava, desesperada, trazê-la de volta à vida.

Eu havia orientado minha vida toda em torno da fala e, de repente, não podia mais confiar na própria voz. Minha fala era cortada; minhas palavras, apagadas aleatoriamente. Na conversa cotidiana com pessoas que conhecia, falava até a voz sumir e então acenava com a mão, esperando que eles pudessem deduzir o resto do que eu queria dizer. No mundo exterior, isso era mais difícil. Eu me peguei culpando resfriados e dores de garganta que não tinha, sem saber de verdade por que estava mentindo. Suponho que era preferível ser vista como temporariamente inútil, em vez de me sentir assim em caráter permanente. Muitas vezes, em grandes grupos de pessoas que não conhecia, ficava em silêncio. Não fazia sentido nem começar a falar. Melhor isso do que balbuciar e sussurrar até elas perderem o interesse.

Com essa falta de voz decorrente dos primeiros dezoito meses de maternidade, me senti uma metáfora ambulante. Ser mãe era como ficar invisível, ou talvez semivisível — perceptível o suficiente para ser repreendida por não ter dobrado o carrinho no ônibus (como, com um bebê debaixo do braço?) ou por ocupar muito espaço na calçada. Mas é o que você é agora: uma criatura ligeiramente detestada, com a linha da cintura meio avantajada, contribuindo para a superpopulação do mundo; sentada por aí, tomando café o dia todo, ou saindo para trabalhar e negligenciando seu dever materno. Ou isso ou aquilo. Não importa qual seja a sua escolha: você está arruinada.

Houve momentos naqueles primeiros anos em que pensei que ninguém mais me ouviria de novo, que qualquer coisa importante que tivesse a dizer seria esmagada pelo peso da bolsa no meu ombro, cheia de fraldas, lanchinhos, lenços umedecidos e mudas de roupas. Parecia cruel que minha voz também sumisse; mas, por outro lado, também parecia totalmente apropriado.

Um dos maiores golpes que senti foi que eu não conseguia mais cantar. É tentador dizer da boca pra fora: "Não que o canto desempenhasse um papel importante na minha vida", mas isso não seria verdade. Cantar podia não ser minha profissão ou ambição de vida, mas era algo que me acompanhava desde sempre: desde que testava melodias no carro com minha mãe até cantarolar junto com o rádio enquanto cozinho hoje em dia. Cantei em coros na escola e na universidade, meu contralto grave se entrelaçando com as outras vozes. Cantar com os outros é uma espécie de alquimia, um ato de magia expansiva em que você se perde e se torna parte de um todo. Há muito tempo que recorro ao canto a plenos pulmões de trechos meio esquecidos de corais quando estou dirigindo sozinha.

Porém, depois que Bert nasceu, minha voz ficou, de alguma forma, fraca demais para cantar. Mesmo quando eu conseguia emitir algumas notas sem desafinar de forma deselegante, não havia mais força, nenhum volume glorioso para encher os pulmões e separar os músculos entre as costelas. Cantar era uma experiência chiada e ofegante. Pior de tudo, minha afinação desapareceu. Eu tentava alcançar notas perfeitamente normais e minha voz apenas escorregava para fora delas em uma dissonância turva. Era como perder parte da alma.

Os diagnósticos de sempre não se aplicavam. Enfiaram uma câmera no meu nariz e pela garganta, mas ela não encontrou nada: nem pólipos, nem inflamação. Nada que pudesse ser tratado ou curado. Eu havia perdido a voz; era só isso. Era apenas algo que acontecera, ao lado de tantas outras coisas que haviam obliterado minha sensação de ser uma presença relevante no mundo.

Quando uma amiga sugeriu aulas de canto, eu ri e disse que não precisava. Não tinha a menor intenção de exibir minha voz em público de novo, mas ela disse que não, a questão não era cantar. Ela achava que um bom professor poderia me ajudar a trazer a voz de volta e cuidar dela no futuro para que permanecesse saudável. Ao que parece, isso acontece o tempo todo nas artes cênicas: as vozes se tornam frágeis e precisam ser restauradas ou remapeadas. Minha voz era um recurso próprio e eu deveria tratá-la da maneira que outros profissionais a tratavam. Desistir não era uma opção.

Eu estava cética, mas também me sentia atraída pela ideia de uma hora na companhia de um professor de canto e um piano, uma sala silenciosa e uma estante de partitura. Naquele momento, parecia um mimo maior do que qualquer spa. Enviei um e-mail cauteloso para um professor, explicando que na realidade não queria aprender a cantar em si, mas a falar de novo. Fiquei surpresa simplesmente por receber uma resposta, mas ele pareceu achar meu pedido razoável, embora tenha dito que eu teria de cantar. Achei que conseguiria fazer isso. Combinamos dia e hora.

Na preparação para a aula, me perguntei se *conseguiria* de verdade. Incapaz de atingir uma única nota nítida e sustentá-la nos últimos tempos, estava constrangida de expor a voz em público, ainda mais em um ambiente onde cantores decentes apareciam para aprimorar seu estilo. Senti que precisava de uma clínica estéril e vazia, em vez da sala de estar arrumada onde me encontrei parada, com a boca seca, desejando mais do que tudo poder me esconder atrás de uma cortina, envergonhada ao revelar o verdadeiro horror da minha voz.

Philip, meu tutor, me pareceu um homem prático. Acho que sabia desde o início que eu não queria cantar de verdade: não ali, parada no meio de sua sala de estar, e menos ainda em um palco. Então, trabalhamos alguns princípios básicos, como ficar em pé e respirar. Contei a piada (tenho certeza de que ele já a tinha ouvido um milhão de vezes antes) que eu esperava saber como ficar em pé e respirar, mas naquele momento, eu não estava tão certa se isso era verdade. Essas duas coisas se pareciam muito com o comportamento de um adulto estável e competente, um que tinha um lugar no mundo.

Então, aprendi a ficar estável e a levar ar para os pulmões. Depois, tentamos cantar algumas escalas. Philip tocou um dó médio e minha voz escorregou dele.

"Viu?", exclamei. Era uma causa perdida.

"Tente um si", disse Philip.

Consegui cantar o si. A nota era fraca e cheia de ar, mas eu conseguia acertá-la, e o lá abaixo do si. Desci na escala e subi de volta, e descobri que conseguia acertar aquele dó quando surgisse depois de uma explosão de outras notas. Estava lá: só precisava que eu o enfrentasse meio de lado, em vez de diretamente. Meu dó médio estava escondido.

É uma coisa peculiar perder a nota onde todos tendem a começá-la, mas ali estava. A partir de então, minhas escalas começaram com um lá, ou mesmo algumas notas abaixo. Daríamos a volta para chegar ao meu dó. Eu poderia encontrá-lo se pensasse nele como um salto em distância. Às vezes, a gente precisa dar alguns passos para trás e começar de outro lugar.

Ao longo das semanas que se seguiram, trabalhamos para recuperar a clareza da minha voz ao cantar, o volume e a precisão dos quais um dia tivera tanto orgulho. Aprendi a envolver os músculos da base da garganta e a me imaginar puxando um fio invisível para a frente enquanto cantava, para manter a voz soando da parte inferior da laringe. Aprendi a fluir uma nota sobre a outra, a fazer meu canto escorrer como água. Depois das sessões, não tinha a dor na garganta que esperava. Sentia como se uma pequena parte do meu corpo tivesse relaxado e eu tivesse me expandido de leve. Havia sugado o ar ao meu redor e não era mais côncava, pressionada para dentro pela vida.

Depois de algumas aulas, começamos a conversar sobre como realmente uso a voz. Eu falava o dia todo: fustigava minha família pela manhã e, depois, no trabalho, passava o dia inteiro usando a voz para deixar minha mensagem no mundo. Era orientadora de um programa de Escrita Criativa, e minha voz era multitarefa: buscava inspirar e entusiasmar na sala de aula; consolar na privacidade da minha sala; encontrar autoridade firme e inabalável face à igualmente imutável burocracia universitária. Nos intervalos, me esforçava para parecer alegre e amigável nos corredores e na cantina, nunca me permitindo fazer um aceno de cabeça ou um gesto mudo como tanto queria. Mesmo nos momentos de silêncio, enfrentava quilômetros de e-mails, geralmente com os dentes cerrados em um esforço para permanecer clara, útil e educada. Eu era como uma lâmpada, sempre acesa. Estava usando a voz feito um cacetete, tentando forçar todo mundo a ouvir.

"Você lê seu trabalho em voz alta?", perguntou Philip.

"Às vezes", respondi. "Não tanto quanto antes." Havia camadas de verdade escondidas debaixo disso: ninguém me pedia mais; eu não gostava mais da atenção, nem tinha fé no meu trabalho. Mesmo assim, passava o dia todo me apresentando, dançando com a escrita de outras pessoas em vez da minha, tentando — às vezes em vão — energizar salas de alunos que já estavam sobrecarregados com seus próprios pensamentos e problemas. Ao ensinar, você não pode entrar na sala de aula infeliz ou sem vontade. Você deve sacrificar sua própria energia pela de seus alunos, jogar sua relutância pessoal na fogueira da falta de interesse deles; deve prescindir do luxo pedagógico tradicional de acreditar que as pessoas que ensina são preguiçosas, rudes ou mimadas. Em vez disso, você o faz, sabendo que todos estão sofrendo sob o peso da própria dor, medo, fardos de trabalho e de cuidado. Você entra na sala de aula e tenta entreter essas pessoas apenas o suficiente para que aprendam algo que os ajudará a aliviar suas angústias no futuro. De repente, vi minha voz como um funil no qual enfiava todo esse peso e pedia que criasse um fluxo comedido de palavras que, de alguma forma, consertasse tudo.

"Você conhece *Under Milk Wood*?", perguntou Philip, e eu disse que, por coincidência, tinha um exemplar novo em folha na minha mesa no trabalho, pronto para apoiar a dissertação de alguém. Em casa, enfiado em uma das pilhas altas da coleção de vinis do meu marido, está minha própria cópia da gravação de 1954, de Richard Burton, do drama do autor galês Dylan Thomas. Como texto, acho que é incompreensível, mas sempre me sinto atraída por seus ritmos ondulantes e humor perverso.

Philip abriu sua cópia e colocou-a no suporte para partitura. "Leia a primeira página", disse ele, e mais uma vez, minha voz vacilou. *It is spring, moonless night in the small town, starless and bible-black, the cobblestreets silent...* Eu não conseguia controlar a respiração para aquelas frases longas e sinuosas. Em silêncio, conseguia entendê-las muito bem, mas em voz alta gaguejava como uma criança aprendendo a ler. O primeiro parágrafo pareceu levar uma vida inteira para ser desvendado. Minha voz era como um martelo, batendo aleatoriamente nas sílabas e saltando em outras, dura e percussiva.

Depois de eu assassinar *And all the people of the lulled and dumbfound town are sleeping now,* ** Philip me parou. "Ouça", disse, e ele mesmo leu, saltando suavemente a cada sílaba tônica, deixando as palavras caírem umas sobre as outras como ondas no mar. "Você tem que tratar como se fosse uma música", explicou ele. "Sem pressa. Não a ataque. Role junto com ela."

Tentei mais uma vez, tímida, agora que tinha enxergado minhas próprias falhas com tanta clareza. Achava que sabia ler em voz alta e bem. Porém, não tinha lido esse texto suave e fluente: eu o tinha desmantelado. Partira para cima da canção como algo a ser conquistado e, em vez disso, ela é que havia me subjugado. Respirei fundo. *It is spring...*

Estava mais lenta agora e encontrava um pouco mais de significado, mas ainda me sentia como se estivesse em uma luta tríplice entre meu cérebro, minha respiração e o texto teimoso e lânguido. Estava jogando luz sobre tudo o que havia de

---

* *É primavera, uma noite sem lua na cidadezinha, sem estrelas e com uma escuridão bíblica, as ruas silenciosas de paralelepípedos...*
** *E todas as pessoas da cidade tranquila e aturdida estão dormindo agora.*

errado na minha vida naquele momento. Vi como estava travada em um ataque a todos os aspectos dela, em vez de me fundir a ela. Como não conseguia acompanhar o ritmo, fosse dentro ou fora da aula de música.

"Longas vogais galesas", disse Philip, em referência à pronúncia regional do autor, e isso tornava as coisas um pouco melhores. Era difícil alongar meu próprio fraseado entrecortado de Kent sem misturar o sotaque, mas praticamos palavras individuais, e o tom sem pressa pouco a pouco se encaixou: *hymning in bonnet and brooch and bombazine black*,* aquele *k* final estalando feito uma tora molhada no fogo quente. Li o verso *trotting silent, with seaweed on its hooves, along the cockled cobbles*,** e foi uma espécie de revelação: toda a peça se desenrola sobre paralelepípedos nos quais é impossível correr.

*Listen. It is night moving in the streets (...) Listen. It is night in the chill, squat chapel.**** Quando você começa a usar sua voz como se fosse música, pode exigir atenção. Você tem permissão para dizer: "Ouça". Minha voz havia minguado um pouco junto com minha confiança, e afirmá-la de novo era como afirmar ser parte legítima do mundo adulto. Estava me precipitando com as palavras porque sentia que tinha que internalizá-las antes de ser interrompida.

Minha voz já havia passado por muitas mudanças. Quando criança, era elogiada quando "falava bem" e repreendida sempre que glotalizava meus "t" para imitar o sotaque da região sudeste da Inglaterra, que ouvia ao redor na minha terra natal, Gravesend. Essa maneira exata de falar funcionou bem na escola primária, embora muitas vezes tivesse que ser corrigida quando, no início da pré-escola, continuamente tentava

---

*   *Cantando hinos com chapéu, broche e bombazina preta.*
**   *Trotando silencioso, com algas nos cascos, ao longo dos paralelepípedos enrugados.*
*** *Ouça. É noite movendo-se nas ruas [...] Ouça. É noite na capela atarracada e fria.*

absorver o sotaque de Yorkshire do professor. Quando nos mudamos para um condomínio de moradia social, aos meus 8 anos, as outras crianças zombavam do meu jeito certinho de falar, então tentava falar mais como elas, apenas para ser corrigida quando voltava para casa. Modificava minha voz repetidas vezes, em casa e na escola. Era como uma bola de tênis: em uma ponta da quadra, ela era uma coisa; na outra extremidade, logo tinha que se tornar o oposto.

Na escola de ensino fundamental que frequentei, em Rochester, cheia de garotas que haviam passado no exame de admissão na escola preparatória local, cujos pais eram médicos e advogados, minha voz mudou mais uma vez. Pela primeira vez na vida, sentia como éramos pobres e morria de vergonha ao perceber que não poderíamos atender às demandas financeiras daquela escola. Quando solicitavam novos blazers do uniforme ou suéteres com listras ao redor do colarinho, ou ainda materiais de arte caros para complementar o material de aula, eu afundava nos calcanhares e usava a voz para mostrar como era comum. Aquele jeito de falar que tinha aprendido com as crianças do condomínio — que nunca fora o meu jeito — se tornava útil. Eu não podia fingir ser como as outras garotas, então, de forma deliberada, me tornava algo diferente, desafiadora e espinhosa. Quando era questionada sobre a violação da regra do uniforme — a saia errada, os sapatos errados —, aprendi que os professores se encolheriam se levantasse a voz e dissesse: "Não temos dinheiro para comprar o uniforme certo", ou, melhor ainda: "Comprei numa loja de caridade". Encontrava poder na confusão causada por afirmar que tinha menos do que as outras pessoas. Se a escola primária deveria me transformar em uma garota boazinha, na verdade, me transformou numa moleca de rua.

Na universidade, minha voz mudou de novo, imersa como estava nos tons precisos do inglês da rainha. Eu falava mais baixo e dava meu melhor para pronunciar as consoantes com clareza. Quando estava em casa durante as férias, me diziam que a universidade tinha me mudado, que estava sendo um pouco arrogante.

E assim continuou. Minha voz agora é um camaleão: muda para se adequar ao interlocutor. Nem eu mesma me percebo fazendo isso, exceto naqueles momentos de terrível dissonância cognitiva quando sou forçada a falar com pessoas de duas partes distintas da minha vida ao mesmo tempo. Então, incapaz de imitar qualquer um, tenho que seguir conscientemente um caminho intermediário, o que é horrível.

As vozes das mulheres são contestadas de uma forma que as dos homens nunca são. Se falamos baixo demais, somos tratadas como ratinhas dóceis; se elevamos a voz para sermos ouvidas, somos escandalosas. É sabido que Margaret Thatcher teve aulas de elocução no início de sua carreira política para projetar mais autoridade. Seu conselheiro, o ex-produtor de televisão Gordon Reece, livrou-se do penteado duro e das roupas complicadas de Thatcher e guiou-a em direção a uma voz mais baixa e segura, seu toque esnobe removido em favor de algo mais comum, mais difícil de localizar no sistema de classes. Thatcher trabalhou com um instrutor do National Theatre para respirar da maneira correta e desacelerar sua prosódia, e não tinha permissão para usar um tom confrontador ou agressivo. Em vez disso, deveria adotar os tons íntimos da mãe ou da babá, encorajando-nos gentilmente em direção às suas decisões com firme certeza, ou da amante, sussurrando seu poder sobre um travesseiro. Sua voz tinha de carregar o peso do medo que a nação tinha das mulheres e fazer os cidadãos acreditarem que éramos capazes de raciocinar. Não era permitido enfrentar o patriarcado abertamente; em vez disso, tinha de coagir e persuadi-lo a assimilar a mensagem com suas palavras, o tempo todo garantindo-lhes que as mulheres eram donas de casa e mães e que Thatcher era apenas um afloramento incomum dessa tendência feminina natural. Não uma ameaça, mas apenas uma ferramenta útil para atrair um setor da população importante do ponto de vista eleitoral, mas culturalmente insignificante: as mulheres.

Nunca tendo concorrido a uma eleição, eu ainda tinha de alguma forma modificado minha voz como Thatcher fizera, suavizando-a para remover sua ameaça, aprendendo a interromper sua estridência e fluência naturais. As pessoas costumavam reclamar que eu falava na cara delas, em vez de com elas, então descobri que podia flexionar minhas frases com momentos de hesitação simulada, adicionando *hum* e *é...* para parecer mais incerta do que me sentia de fato. Agora, de pé nesta sala com a chuva martelando na janela, deixo a voz encontrar sua fluência de novo, absorvendo-me no prazer da minha própria fala, na maneira como a garganta pode se encher com a ressonância da minha voz.

Em quatro lições, eu a remapeei, tornando-a mais grave e alta, e também mais suave e lenta. Tinha aprendido a quase cantar minhas palavras, para deixá-las elidir umas nas outras como um rio contínuo de notas, como o canto dos pássaros. Meu dó médio reapareceu, mas não parecia ser o ganho mais importante. Meu tom desafinado havia sumido. Agora, ao falar, minha voz parecia suave e escorregadia, como se tivesse sido lubrificada. Já não fazia cócegas; não falhava mais. As palavras voltaram a fluir para fora de mim feito seda.

Mas também fiquei feliz em cantar de novo. Tinha sido uma perda maior do que eu imaginava, nesse inverno em particular que viu minha voz minguar. A questão não era a vaidade de ser capaz de entoar uma bela música, mas a alegria em si de cantar. No Reino Unido do século XXI, associamos o canto ao talento e estamos fundamentalmente errados. O direito de cantar é absoluto, independentemente de como soe para o mundo exterior. Cantamos porque devemos. Cantamos porque enche nossos pulmões de ar nutritivo e permite que nossos corações voem com as notas que emitimos. Cantamos porque nos permite falar de amor e perda, deleite e desejo, tudo codificado em letras que nos permitem fingir que esses sentimentos não são exatamente nossos. Na música, temos permissão para ensaiar todas as nossas mágoas, todas as nossas luxúrias. Nela, podemos consolar nossos filhos enquanto eles ainda são muito pequenos para julgar nossas vozes enferrujadas e encontrar atalhos para o êxtase enquanto cumprimos o dever mundano de um banho diário ou de esfregar a cozinha depois de mais uma refeição.

O melhor de tudo é que podemos cantar juntos, todas as famílias conhecendo as mesmas músicas e dando-lhes o mesmo significado. Quando canto com minha mãe, fico impressionada toda vez ao perceber que nossas vozes são iguais. Há uma ressonância genética profunda em atingir a mesma nota da mesma maneira. Quando canto com meu marido, nossas vozes se chocam, mas cantamos as canções que significam algo só nosso, na maioria das vezes, os tons de anseio de "Wichita Lineman". Quando canto com meu filho, estou ensinando algo a ele: não apenas palavras e letras, mas como sobreviver. Como o pintarroxo, às vezes cantamos para mostrar que somos fortes e outras vezes cantamos na esperança de tempos melhores. Cantamos, de uma forma ou de outra.

Final de Março

Degelo

Todas as manhãs, passo por um urubu sentado em cima da cerca, perto do aeroporto de Manston. Ele é enorme e grisalho, as penas de seu peito em desordem permanente. Gosto de pensar que já tem certa vivência, que se senta aqui para exibir com orgulho suas feridas de guerra. Esta manhã, ele é um observador solitário. Quase capto o amarelo de seu bico quando passo por ele. Estou começando a achar que ele espera aqui por mim. Ele é meu totem, a âncora do meu dia. Ele sufoca a tempestade de ansiedade no meu âmago. Sinto como se o urubu me testemunhasse.

Queria que tudo isso terminasse como um arco narrativo perfeito deveria terminar: a vida em ordem de novo, no caminho certo; todos os meus problemas solucionados, todas as preocupações, resolvidas. Que Bert estivesse alegremente matriculado em uma nova escola perfeita para ele, ou que tivéssemos tomado a decisão de abandonar por completo a ideia de escola e que caminhássemos, gloriosa e bravamente, sozinhos pelo mundo. Queria poder dizer que não estamos cogitando a possibilidade de vender nossa casa e nos mudar para um lugar menor, em uma cidade mais barata. Gostaria de dizer que não costumo mais fazer piada disso, dizendo que talvez devêssemos nos mudar para aquele trailer na floresta, porque essa é a única coisa que poderíamos pagar com segurança e regularidade. Em vez disso, com frequência fico tensa de preocupação e às vezes sinto como se estivéssemos a apenas alguns passos do caos. No entanto, tenho que controlar o nervosismo, por medo de transmitir adiante minha sensação crônica de falta de pertencimento neste mundo. Não me sinto à altura da tarefa. Eu me pergunto, pela milésima vez este ano, se sou boa o suficiente.

Dou uma volta ao redor da baía de Pegwell para clarear a mente. O inverno está chegando ao fim. Há apenas uma semana, acordamos para encontrar os campos circundantes pálidos da geada e as bordas de cada folha destacadas em branco. Hoje é um daqueles dias abundantes que parecem primavera, com um grande céu azul salpicado de nuvens e lúdicas rajadas de vento quase mornas. Há manchas de neve ao longo do caminho e amentilhos verdes feito limões, balançando da aveleira. Os pântanos estavam congelados apenas alguns dias atrás, mas agora estão fluindo, girando e ondulando, ladeados por pequenas garças e pontilhados por maçaricos. Disseram-me que dá para ver focas descansando na foz do riacho. Hoje estou sem sorte. Prometo a mim mesma que lembrarei de trazer binóculos da próxima vez que vier.

Enquanto caminho, lembro-me das palavras de Alan Watts: "Prender a respiração é perder o fôlego". Em *A Sabedoria da Insegurança*, Watts apresenta um caso que sempre me convence, mas que sempre pareço esquecer: que a vida é, por sua própria natureza, incontrolável. Que devemos parar de tentar encontrar a conclusão para nosso conforto e segurança e, em vez disso, ir em busca de uma aceitação radical da mudança infinita e imprevisível que é a própria essência desta vida. Nosso sofrimento, diz ele, vem da luta que travamos contra essa verdade fundamental: "Fugir do medo é medo, lutar contra a dor é dor, tentar ser corajoso é ter medo. Se a mente está sofrendo, a mente é sofrimento. O pensador não tem outra forma senão seu pensamento. Não há escapatória".

Para Watts, o único momento de que podemos depender é o presente: aquilo que conhecemos e sentimos agora. O passado se foi. O futuro, ao qual devotamos tanto de nosso cérebro, é um elemento instável, inteiramente ininteligível, "um fogo-fátuo que sempre escapa à nossa compreensão". Quando ruminamos sem parar sobre tempos distantes, deixamos de notar coisas extraordinárias no momento presente. Essas coisas extraordinárias são, na verdade, tudo o que temos: o aqui e o agora. A percepção direta dos nossos sentidos. Sempre que volto ao trabalho de Watts, uma vozinha rebelde se ergue dentro de mim e grita: *Isso não é justo! A vida é mais segura para algumas pessoas do que para outras!* Mas isso não torna a sabedoria dele menos verdadeira. Watts não está nos oferecendo uma solução fácil e vaidosa para os caprichos da vida; não está nos dizendo que, se apenas pudermos dominar esse pequeno truque de pensamento, todos os nossos sonhos se tornarão realidade. Ele está nos dizendo a verdade. A mudança não para de acontecer. A única parte que podemos controlar é nossa resposta.

Algumas ideias são grandes demais para serem absorvidas de uma vez e por completo. Para mim, esta é uma delas. Acreditar na imprevisibilidade do meu lugar neste mundo — aceitando-o de maneira radical e profunda como uma verdade — é algo que só posso fazer aos poucos. É em si um exercício de atenção plena. Eu me lembro de sua força, mas a crença logo se esvai. Eu me recordo de novo; ela vai embora com a maré. Não faz nada para diminuir o poder da realização seguinte e da próxima. Estou disposta a insistir nisso continuamente, ao longo de toda a minha vida. Estou disposta a aceitar que pode nunca realmente durar.

Percebo um movimento no ar e me viro para ver um bando de pássaros, todos se movendo juntos na beira do mar. A princípio, acho que são uma revoada de estorninhos, mas mesmo daqui posso dizer que são muito grandes. Gralhas? Há uma colônia de gralhas a pouco mais de 1 km daqui, onde muitas vezes observei uma massa de formas ondulantes decolando juntas das árvores. É uma visão surpreendente, mas não é a mesma coisa.

Estão se aproximando. Percebo que meus braços caíram para as laterais do meu corpo e estou imóvel, fitando-as. Não existe felicidade maior do que essa. Cada parte de mim está absorta neste momento: seu fluxo extraordinário, as decisões silenciosas que governam suas guinadas. Por um momento, o grupo perde a coerência e se dispersa, bolinhas pretas se espalhando pelo céu. É como se fossem água e tivessem espirrado. Um deles voa acima e depois outro: um corpo branco com asas pretas, arredondado nas pontas. Quero-quero. Nunca vi tantos antes; nunca soube que eram capazes de fazer isso.

Tenho notado recentemente um excesso de postagens no Facebook oferecendo conselhos não solicitados sobre como lidar com uma crise: *Aguenta firme!*, dizem eles, a respeito de nada. *Você é mais forte do que imagina.* São apresentados como cartões comemorativos, textos em tons pastel em fundos oníricos, as palavras em cursivas elegantes como se redigidas por uma amiga particularmente inspiradora. Ao lê-los, sempre presumo que se destinam a alguém em específico, que a pessoa que os postou percebeu algum sinal de angústia e está enviando uma mensagem indireta de apoio. Ou isso, ou são um grito de socorro, sinais lançados no éter para voltar aos seus remetentes.

É aqui que estamos agora, torcendo por nós mesmos sem parar, em busca de alguma positividade, enquanto apagamos o lado sujo da vida real. Sempre leio brutalidade nessas mensagens: elas oferecem quase nada. Há dias em que posso dizer com bastante certeza que *não* estou forte o suficiente para dar conta. E se eu não conseguir aguentar firme? E aí? Essas pessoas podem muito bem estar grudadas na minha cara, gritando: *Dá conta! Dá conta! Dá conta!*, enquanto borrifam perfume no ar para fazer tudo parecer agradável. O significado dessas mensagens é claro: a angústia não é uma opção. Devemos continuar parecendo alegres pelo bem da multidão. Embora possamos não ver mais a depressão como um fracasso, esperamos que os outros a transformem em algo significativo rapidinho. E se não forem capazes, então é melhor desaparecer de vista por um tempo; vocês estão abaixando o astral por aqui.

Isso é o oposto de se importar. Nunca acreditei — como outros o fazem — que as mídias sociais são lugares inteiramente fabricados, de vidas e amizades falsas, mas acho que são mais um canto para se ter cuidado. Na internet, existe uma mentalidade de colecionador; nosso valor social recebe um único número categórico. Devemos nos certificar de não sermos enganados por ele e fazer as mesmas avaliações de sempre sobre a qualidade dessas conexões, seus significados individuais para nós e o retorno que podem nos oferecer, de um ponto de vista realista. Assim como no mundo físico, muitos desses amigos desaparecerão ao primeiro sinal de problema. A única diferença é que os números são cada vez maiores na internet, e nossas conexões perdidas parecem mais visíveis.

Estou começando a achar que a infelicidade é uma das coisas simples da vida: uma emoção pura e básica a ser respeitada, quem sabe até saboreada. Eu nunca teria sonhado em sugerir que deveríamos chafurdar no sofrimento ou evitar fazer tudo o que pudéssemos para aliviá-lo, mas acho que isso ensina alguma coisa. Afinal, ele tem uma função: nos diz que algo está errado. Se não nos permitirmos ser honestos com nossa própria tristeza, perderemos uma dica importante para nos adaptarmos. Parece que vivemos em uma época em que somos bombardeados com súplicas para sermos felizes, mas estamos sofrendo de uma avalanche de depressão. Somos encorajados a parar de nos preocupar demais com as pequenas coisas, mas estamos cronicamente ansiosos. Muitas vezes me pergunto se esses são apenas sentimentos normais que se tornam monstruosos quando são reprimidos. Uma grande parte da vida sempre vai ser um saco. Haverá momentos em que estaremos voando alto e momentos em que não conseguiremos sair da cama. Ambos são normais. Ambos, na verdade, requerem um pouco de perspectiva.

Às vezes, a melhor resposta aos nossos uivos de angústia é a honestidade. Precisamos de amigos que estremeçam junto com nossa dor, que tolerem nossa tristeza e que nos permitam sermos fracos por um tempo enquanto nos recuperamos. Precisamos de pessoas que reconheçam que nem sempre podemos aguentar; que, às vezes, tudo se despedaça. Fora isso, precisamos desempenhar essas funções por nós mesmos: dar-nos uma pausa quando precisamos e sermos gentis. Encontrar nossa própria coragem, em nosso próprio ritmo.

Quando comecei a escrever este livro, pretendia viajar o mundo em busca do inverno; visitar locais que parecessem verdadeiramente exóticos para mim e entrevistar pessoas que considerava terem passado o inverno de maneiras extremas. Achei que encontraria mais sabedoria lá do que no meu próprio quintal. Também pensei que poderia reservar um momento para escrever sobre o inverno enquanto estava entre invernos; que poderia usar o ímpeto dos bons momentos para separar os maus.

Mas, em meio a isso, a vida aconteceu. Vários invernos vieram de uma vez, como se eu os tivesse atraído de maneira tola. Meu mundo encolheu, literal e metaforicamente. Não pude fazer tanto quanto esperava. Eu não conseguia ser a pessoa que havia imaginado: alegre, enérgica, animada como o verão. Enfrentei dificuldades; fui arrastada por períodos de depressão, atormentada pela ansiedade. Houve momentos em que pensei que talvez não conseguisse escrever este livro, que não estava em condições; que escrevê-lo traria algum tipo de catástrofe vergonhosa, apenas por ter a ilusão de pensar que eu tinha algo a dizer sobre o assunto. No passado, isso teria me consumido por inteiro por meses, e eu teria emergido em um ou dois anos, balançando a cabeça e começando de novo.

Mas aqui estou, e aqui está o livro. A única diferença — a única razão pela qual o terminei — é a experiência. Eu reconhecia o inverno. Eu o vi chegando (a mais ou menos 1 km de distância, já que você quis saber), e o encarei nos olhos. Eu o cumprimentei e o deixei entrar. Tinha alguns truques na manga, sabe? Aprendi da maneira mais difícil. Quando comecei a sentir o frio, comecei a me tratar como uma criança querida: com bondade e amor. Presumi que minhas necessidades eram razoáveis e que meus sentimentos eram sinais de algo importante. Eu me mantive bem alimentada e me certifiquei de que estava dormindo o suficiente; me levava para passear ao ar livre e passava um tempo fazendo coisas que me acalmavam. E me perguntava: do que se trata este inverno? Que mudança está por vir?

A natureza mostra que a sobrevivência é uma prática. Às vezes, ela floresce — armazena gordura, enfeita-se com folhas, produz mel abundante — e às vezes retorna ao básico da existência para continuar vivendo. Não faz isso apenas uma vez, ressentida, presumindo que um dia vai acertar e tudo vai entrar nos eixos. Ela vive o inverno em ciclos, de novo e de novo, para todo o sempre. Executa esse trabalho todos os dias. Para plantas e animais, o inverno faz parte do trabalho. Isso também vale para os humanos.

Para melhor invernar, precisamos abordar nossa própria noção de tempo. Temos a tendência de imaginar que nossas vidas são lineares, mas, na verdade, elas são cíclicas. Eu não negaria, é claro, que envelhecemos gradualmente; mas, ao ficarmos mais velhos, passamos por fases de boa e má saúde, de otimismo e dúvida profunda, de liberdade e restrição. Há momentos em que tudo parece fácil e outros em que tudo parece dificílimo. Para tornar isso tolerável, só temos que lembrar que nosso presente um dia se tornará passado, e nosso futuro será nosso presente. Sabemos porque já aconteceu antes. As coisas que deixamos para trás muitas vezes voltam a acontecer. O que nos preocupa agora, um dia será história. Cada vez que suportamos um ciclo, subimos um nível. Aprendemos com a última vez e fazemos algumas coisas melhor desta; desenvolvemos truques mentais para nos ajudar. É assim que se progride. Mas uma coisa é certa: teremos coisas novas com que nos preocupar. Teremos que cerrar os dentes e continuar sobrevivendo uma vez mais.

Enquanto isso, podemos lidar apenas com o que está diante de nós neste momento. Tomamos a ação necessária seguinte e assim por diante. Em algum ponto do caminho, o próximo passo será alegre de novo.

Um ano depois de deixar o emprego, enfim examinei todos os livros que trouxe da minha sala no trabalho. No início, eles ficaram lá como uma lembrança desolada da pessoa que eu não era mais, uma visão fugaz de mim mesma que não conseguia tornar real. Depois de um tempo, esqueci que estavam lá, e os livros se tornaram parte da desordem geral do meu escritório em casa.

No momento em que comecei a olhar de verdade para eles, os livros já haviam perdido um pouco de sua potência. Naquela época, eu havia formado minha zona de abscisão, a barreira gradual entre a folha e a árvore que facilita a queda da matéria morta. Minha antiga identidade havia falecido, sem luto. A culpa havia sumido. Eu havia me afastado de algo que, olhando pra trás, era tóxico para mim. Peguei cada livro, um de cada vez, às vezes em reconhecimento afetuoso, às vezes com desprezo. Muitos deles deixaram um vazio na minha mente: eram mesmo meus? Que interesse eu poderia ter tido neles? Fiquei feliz em amontoá-los em sacolas de mercado e levá-los até o bazar de caridade mais próximo.

Outros encontraram um lar nas minhas prateleiras, onde se aninharam entre minha coleção pessoal. Tive que reorganizar a estante inteira para caber, colocando tudo de lado para ganhar espaço. Um dia vou precisar de uma biblioteca inteira, mas, por enquanto, tenho prateleiras mais ou menos suficientes, contanto que não compre mais nenhum livro. Esta é uma resolução que sei que não vou cumprir. No próximo ano, e no ano seguinte, e no ano depois desse, terei que doar mais. Meio que gosto dessa ideia. No momento, há um montão de livros que estou guardando simplesmente para que Bert possa colocar a mão neles quando ficar um pouco mais velho, antes de começar a formar uma coleção própria. Chegará um momento em que não haverá mais sentido em me apegar a eles, e serei capaz de reduzi-los ao cerne do que realmente amo. Será como trocar de pele.

A faxina da primavera é uma resposta instintiva ao final do inverno. O festival gaélico de Imbolc é realizado no primeiro dia de fevereiro e está associado à remoção da poeira das teias de aranha que cresceram nos cantos durante os meses mais escuros. Na Irlanda contemporânea, ainda é frequentemente marcado como o Dia de Santa Brígida — uma cristianização da festa daquela antiga deusa Brìghde, que agora está despertando. Brìghde é toda promessa e vida, pronta para trazer mudanças. Ela está bem descansada após seu retiro de inverno.

Como Brìghde, devemos emergir aos poucos de nosso inverno. Devemos testar o ar e estarmos prontos para recuar em segurança quando soprados por ventos atípicos da estação; devemos desvelar gradualmente nossas novas folhas. Ainda haverá destroços de uma longa e desordenada estação. Estes são os momentos em que devemos encontrar a maior graça: quando chegamos para expiar os piores estragos de nossa conduta em tempos sombrios, quando precisamos dizer verdades que preferimos ignorar. Às vezes, teremos de dar nome a nossos invernos pessoais, e as palavras parecerão farpas em nossa garganta: tristeza, rejeição, depressão, doença, vergonha, fracasso, desespero...

Muitas vezes, parece mais fácil permanecermos no inverno, enterrados em nossos ninhos de hibernação, longe do brilho do sol. Porém, somos corajosos, e o novo mundo nos espera, reluzente e verde, vivo com o bater de asas. Além disso, temos um tipo de evangelho para contar agora e o dever de compartilhá-lo. Nós, que invernamos, aprendemos algumas coisas: cantamos como pássaros e deixamos nossas vozes preencherem o ar.

Notas

Em "Luz", refiro-me ao artigo de Naveed Saleh, *Vitamin D and Seasonal Affective Disorder Symptoms*, publicado na revista *Psychology Today* em janeiro de 2015, e à revisão clínica de Simon Pierce e Tim Cheetham sobre o diagnóstico e tratamento da deficiência de vitamina D publicada na *BMJ*, em janeiro de 2010.

Em "Fome", usei o artigo de Tim Flight, *The Wolf Must Be in the Woods*, publicado na *History Today*, em maio de 2017.

Em "Água Fria", a fonte das minhas anotações a respeito dos efeitos biológicos da natação em águas geladas é *Human Physiological Responses to Immersion in Cold Water*, de Srámek *et al.*, publicado no *European Journal of Applied Physiology*, em março de 2000.

Em "Sobrevivência", o artigo de Galvin *et al.* de agosto de 2006, *The Relaxation Response: Reducing Stress and Improving Cognition in Healthy Aging Adults from Complementary Therapies in Clinical Practice*, forneceu os dados sobre os efeitos relaxantes do tricô.

Em "Música", refiro-me ao artigo de Robert J. Thomas e Innes C. Cuthill, de fevereiro de 2002, *Body Mass Regulation and the Daily Singing Routines of European Robins* em *Animal Behaviour*.

Agradecimentos

Este livro é o trabalho de muitas mãos, e espero lembrar de agradecer a todos os donos delas.

Em primeiro lugar, devo amor e agradecimento aos meus entrevistados, que foram extremamente generosos com seu tempo e disponibilidade para explorar alguns assuntos difíceis. Quaisquer erros são meus, e não deles. Agradeço também a Richard Ashcroft pelos serviços de consultoria filosófica de emergência.

Muito obrigada à maravilhosa equipe da Riverhead: Geoff Kloske, Kate Stark, Alison Fairbrother, Ashley Sutton, Helen Yentus, Lauren Peters-Collaer, Meighan Cavanaugh, Shailyn Tavella e Helen Berhanu. Acima de tudo, obrigada a Jynne Dilling Martin, que conseguiu extrair um livro muito melhor de mim por meio de sua edição astuta e generosa, além de um fluxo constante de fotos de gatos. Foi um prazer enorme.

Obrigada a Anna Hogarty, Hayley Steed, Madeleine Milburn e ao querido pessoal da Madeleine Milburn Literary, TV & Film Agency. É difícil expressar minha gratidão e surpresa cada vez que uma das ideias de um livro é levada a sério e tratada com tanto cuidado.

Por fim, agradeço a Bertie por constantemente me forçar a cavar fundo nesta vida. Sempre vale a pena.

KATHERINE MAY é uma autora best-seller internacional e podcaster que mora em Whitstable, Reino Unido. Seu livro de memórias híbrido e best-seller internacional, *Inverno da Alma*, foi adaptado como o Livro da Semana da BBC Radio 4 e foi selecionado para o Porchlight and Barnes and Noble Book of the Year. Seu livro mais recente, *Enchantment: Reawakening Wonder in an Exhausted Age*, tornou-se um best-seller instantâneo do *New York Times* e do *Sunday Times*. Seus artigos e ensaios apareceram em várias veículos de renome, incluindo *The New York Times*, *The Observer* e *Aeon*. Acompanhe o trabalho da autora no podcast *How We Live Now*, disponível nos principais serviços de streaming em áudio. Katherine mora com o marido, filho, dois gatos e um cachorro. Ela adora caminhar, nadar no mar e conservar coisas pouco atraentes. Saiba mais em katherine-may.co.uk

MAGICAE

DARKSIDE

MAGICAE é uma marca dedicada aos saberes ancestrais, à magia e ao oculto. Livros que abrem um portal para os segredos da natureza, convidando bruxas, bruxos e aprendizes a embarcar em uma jornada mística de cura e conexão. Encante-se com os poderes das práticas mágicas e encontre a sua essência.

DARKSIDEBOOKS.COM